A1

2ᵉ ÉDITION

Le DELF
100% RÉUSSITE

Martine Boyer-Dalat
Romain Chrétien
Nicolas Frappe

Adaptation de la maquette intérieure : Ariane Aubert
Mise en page : Isabelle Aubourg
Mise en page des documents : Linéale
Iconographie : Aurélia Galicher
Illustrations : Céline Penot
Couverture : Primo & Primo
Cheffe de Studio : Christelle Daubignard
Édition : Karin Albert
Studio : Quali'sons

« Le photocopillage, c'est l'usage abusif et collectif de la photocopie sans autorisation des auteurs et des éditeurs. Largement répandu dans les établissements d'enseignement, le photocopillage menace l'avenir du livre, car il met en danger son équilibre économique. Il prive les auteurs d'une juste rémunération. En dehors de l'usage privé du copiste, toute reproduction totale ou partielle de cet ouvrage est interdite. »
« La loi du 11 mars 1957 n'autorisant, aux termes des alinéas 2 et 3 de l'article 41, d'une part, que les copies ou reproductions strictement réservées à l'usage privé du copiste et non destinées à une utilisation collective » et, d'autre part, que les analyses et courtes citations dans un but d'exemple et d'illustrations, « toute représentation ou reproduction intégrale, ou partielle, faite sans le consentement de l'auteur ou de ses ayants droits ou ayants cause, est illicite. » (alinéa 1er de l'article 40) – « Cette représentation ou reproduction par quelque procédé que ce soit, constituerait donc une contrefaçon sanctionnée par les articles 425 et suivants du Code pénal. »

© Didier FLE, une marque des éditions Hatier, Paris 2022
ISBN : 978-2-278-10251-8 - Dépôt légal : 10251/03
Achevé d'imprimer en Espagne par Macrolibros (Valladolid) en avril 2024.

éditions didier fle s'engagent pour l'environnement en réduisant l'empreinte carbone de leurs livres. Celle de cet exemplaire est de :
1,0 kg éq. CO_2
Rendez-vous sur
www.editionsdidier-durable.fr

PAPIER À BASE DE FIBRES CERTIFIÉES

AVANT-PROPOS

▬ Qu'est-ce que le DELF ?

Le DELF, diplôme d'études en langue française, est une certification officielle en français langue étrangère du ministère français de l'Éducation nationale. C'est un diplôme internationalement reconnu qui permet de valider votre niveau de français auprès d'universités ou d'écoles, d'employeurs ou d'administrations dans le monde.

Ce diplôme est valable sans limitation de durée.

▬ Quels sont les niveaux du DELF ?

Le DELF est constitué des diplômes suivants : Prim, junior / scolaire et tout public.

Ils correspondent aux niveaux du *Cadre européen commun de référence pour les langues* (CECRL) : DELF A1.1 (DELF Prim), DELF A1, DELF A2, DELF B1 et DELF B2.

Chaque diplôme évalue les quatre compétences : compréhension et production orales, compréhension et production écrites. L'obtention de la moyenne (50 points sur 100) à l'ensemble des épreuves permet la délivrance du diplôme correspondant.

▬ Où passer le DELF ?

Vous pouvez passer le DELF dans 175 pays. Vous devez vous inscrire dans un des 1 200 centres d'examen agréés par France Éducation international. Pour trouver un centre et connaître les dates des examens, consultez le site internet de France Éducation international : www.france-education-international.fr

COMMENT SE PRÉPARER ?

Ce livre peut être utilisé en autonomie ou en classe avec un(e) enseignant(e). Il est réparti en quatre compétences comme l'examen.

Nous vous proposons une démarche en quatre étapes :

- ▶ **Comprendre :** une double-page qui présente l'épreuve par compétence, les savoir-faire, les exercices et les documents, la consigne générale et des exemples de questions / réponses.
- ▶ **Se préparer :** des activités pour acquérir les savoir-faire indispensables pour réussir.
- ▶ **S'entraîner :** des activités proches de l'examen avec des conseils méthodologiques.
- ▶ **Prêt pour l'examen !** mémoriser l'essentiel : vocabulaire, grammaire, conseils, etc.

Alors, prêt(e) pour l'examen ?

SOMMAIRE

1 Compréhension de l'oral 9

COMPRENDRE 10

SE PRÉPARER 12
1. Identifier un événement 12
2. Identifier une activité 14
3. Comprendre des instructions 17
4. Identifier des situations 20
5. Identifier des objets 24

S'ENTRAÎNER 28

PRÊT POUR L'EXAMEN ! 38

Le picto [PISTE 2] *vous indique le numéro de la piste à écouter en flashant la page avec l'application Didierfle.app.*
Les audios sont également téléchargeables sur http://didierfle-delfreussite.fr

2 Compréhension des écrits 41

COMPRENDRE 42

SE PRÉPARER 44
1. Suivre des instructions simples 44
2. Lire pour s'orienter dans l'espace 46
3. Lire pour s'orienter dans le temps 50
4. Lire pour s'informer 52

S'ENTRAÎNER 56

PRÊT POUR L'EXAMEN ! 68

3 Production écrite ... 71

COMPRENDRE ... 72

SE PRÉPARER ... 74
1. Se présenter ... 74
2. Écrire un texte court ... 76

S'ENTRAÎNER ... 80

PRÊT POUR L'EXAMEN ! ... 84

4 Production orale ... 87

COMPRENDRE ... 88

SE PRÉPARER ... 90
1. L'entretien dirigé ... 90
2. L'échange d'informations ... 95
3. Le dialogue simulé ... 99

S'ENTRAÎNER ... 103

PRÊT POUR L'EXAMEN ! ... 108

5 Épreuves blanches ... 111

Auto-évaluation ... 111
Épreuves blanches 1 et 2 du DELF tout public ... 112
Grilles d'évaluation de la production (orale et écrite) ... 130

Transcriptions ... 132
Corrigés ... 144

S'INFORMER SUR LE DELF

_ L'examen du DELF, comment ça se passe ?

L'examen dure 1 h 20. Il y a une épreuve pour chacune des quatre compétences. Il y a des épreuves collectives et une épreuve individuelle (production orale).

▶ Le premier jour, vous allez d'abord passer les 3 épreuves collectives dans l'ordre suivant :

1. La compréhension de l'oral : écouter et compléter les questionnaires
2. La compréhension des écrits : lire des documents et compléter les questionnaires
3. La production écrite : compléter une fiche/un questionnaire et écrire un texte court

Attention, la compréhension des écrits et la production écrite se font ensemble en 1 heure (30 minutes chaque épreuve).

▶ Puis le deuxième jour, vous allez passer l'épreuve individuelle qui se déroulera en quatre temps :

1. Préparation : vous tirez des cartes et vous avez 10 minutes pour préparer l'échange d'informations et le dialogue simulé ;
2. Entretien dirigé : répondre aux questions de l'examinateur et parler de soi. Pas de temps de préparation ;
3. Échange d'informations : poser des questions à l'examinateur ;
4. Dialogue simulé : participer à un jeu de rôle avec l'examinateur.

Entraînez-vous dans les conditions réelles de l'examen avec deux épreuves blanches complètes à la fin de l'ouvrage à partir de la page 112.
Retrouvez aux pages 130-131 les grilles d'évaluation de la production écrite et de la production orale.
Retrouvez également deux épreuves blanches interactives sur http://www.didierfle-delfreussite.fr.

QU'EST-CE QUE LE NIVEAU A1 ?

Le *Cadre européen commun de référence pour les langues* définit le niveau A1 comme celui d'un utilisateur élémentaire. Cet utilisateur :
- peut comprendre et utiliser des expressions familières et quotidiennes ainsi que des énoncés très simples qui visent à satisfaire des besoins concrets ;
- peut se présenter ou présenter quelqu'un et poser à une personne des questions la concernant – par exemple, sur son lieu d'habitation, ses relations, ce qui lui appartient, etc. – et peut répondre au même type de questions ;
- peut communiquer de façon simple si l'interlocuteur parle lentement et distinctement et se montre coopératif.

DELF A1
Niveau A1 du *Cadre européen commun de référence pour les langues*

Présentation des 4 épreuves :

Nature des épreuves	Durée	Note sur
Compréhension de l'oral Réponse à des questionnaires de compréhension portant sur plusieurs documents enregistrés très courts ayant trait à des situations de la vie quotidienne. (2 écoutes) *Durée maximale des documents : 3 minutes*	20 minutes environ	.../25
Compréhension des écrits Réponse à des questionnaires de compréhension portant sur plusieurs documents écrits ayant trait à des situations de la vie quotidienne.	30 minutes	.../25
Production écrite Épreuve en deux parties : – Compléter une fiche, un formulaire ; – Rédiger des phrases simples (cartes postales, messages, légendes, etc.) sur des sujets de la vie quotidienne.	30 minutes	.../25
Production orale Épreuve en trois parties : – entretien dirigé ; – échange d'informations ; – dialogue simulé.	5 à 7 minutes **Préparation :** 10 minutes	.../25
	NOTE TOTALE	.../100

Seuil de réussite pour obtenir le diplôme : **50/100**
Note minimale requise par épreuve : **5/25**
Durée totale des épreuves collectives : **1 heure et 20 minutes**

Les nouvelles grilles pour l'évaluation des épreuves de production écrite
et de production orale seront disponibles en juillet 2022
sur www.didierfle.com et sur www.didierfle-delfreussite.fr.

Compréhension de l'oral

COMPRENDRE

L'ÉPREUVE

La compréhension de l'oral est la première épreuve de l'examen du DELF A1.

▪ Durée totale de l'épreuve	❯ 20 MINUTES
▪ Nombre de points	❯ 25 POINTS
▪ Nombre d'exercices	❯ 5 EXERCICES
▪ Nombre de documents à écouter	❯ 5 DOCUMENTS
▪ Nombre d'écoutes	❯ 2 ÉCOUTES pour chaque document
▪ Durée totale des enregistrements	❯ 3 MINUTES
▪ Quand lire les questions ?	❯ Avant d'écouter les documents (30 secondes pour lire les questions)
▪ Quand écrire ses réponses ?	❯ Après la 1ʳᵉ écoute

OBJECTIFS DES EXERCICES

Exercice 1	Identifier un événement
Exercice 2	Identifier une activité
Exercice 3	Comprendre des instructions
Exercice 4	Identifier des situations
Exercice 5	Identifier des objets

LES SAVOIR-FAIRE

Il faut principalement être capable de :

Repérer les informations essentielles d'une annonce publique
- nombres, prix
- heure
- numéro de train ou de vol

« Mesdames, Messieurs. Le train n° 3667 à destination de Besançon partira voie E. »

Comprendre et écrire des informations chiffrées

Suivre des indications simples, des instructions

Comprendre une invitation et les formules de politesse

Repérer une information
- une personne
- une activité
- un événement
- un lieu, une destination
- départ, voie
- un objet

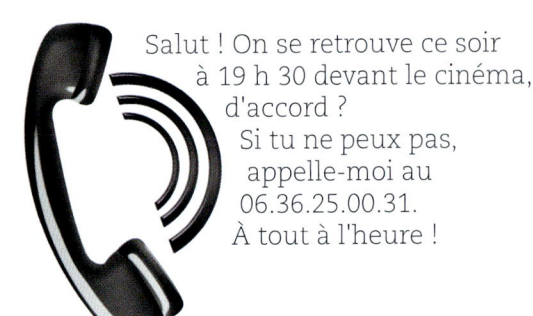

Salut ! On se retrouve ce soir à 19 h 30 devant le cinéma, d'accord ? Si tu ne peux pas, appelle-moi au 06.36.25.00.31. À tout à l'heure !

compréhension de l'oral

LES EXERCICES ET LES DOCUMENTS

	Supports possibles	Type d'exercice	Nombre de points
Exercice 1 Identifier un événement DOMAINE PERSONNEL	▶ Message sur répondeur	Un questionnaire (4 questions)	4 points
Exercice 2 Identifier une activité DOMAINE PUBLIC	▶ Météo à la radio, journal info à la radio, publicités à la radio annonce publique (aéroport, gare, supermarché)	Un questionnaire (4 questions)	4 points
Exercice 3 Comprendre des instructions DOMAINE PROFESSIONNEL	▶ Message sur répondeur	Un questionnaire (4 questions)	4 points
Exercice 4 Identifier des situations DOMAINE ÉDUCATIONNEL	▶ Mini-dialogues, images, photos, illustrations	Appariement (associer des images et des dialogues)	8 points
Exercice 5 Identifier des objets DOMAINE PROFESSIONNEL OU PERSONNEL	▶ Messages, images	Un questionnaire	5 points

LA CONSIGNE

Une consigne générale est écrite dans la copie d'examen. Cette consigne est également dite oralement. Elle indique que vous allez écouter plusieurs documents.

Il y a 2 écoutes. Avant chaque écoute, vous entendez le son d'une cloche. Ce son signifie que le document oral va commencer. Ce bruit vous permet de vous concentrer et d'arrêter la lecture des questions.

Dans les exercices 1, 2, 3 et 5, vous devez cocher la bonne réponse pour répondre aux questions. Dans l'exercice 4, vous notez le numéro de chaque dialogue sous l'image correspondante.

LES QUESTIONS ET LES RÉPONSES

Les questions sont toujours dans l'ordre du document. Les questions se présentent sous 3 formes :

– **les questions à choix multiples (QCM) avec 3 choix** : il faut cocher la bonne réponse parmi les 3 choix. Il y a 1 seule réponse correcte. Les 3 choix peuvent se présenter sous la forme de phrases ou d'images.

– **les questions à choix multiples (QCM) avec 2 choix** : il faut cocher la bonne réponse entre « oui » et « non ». Il y a 1 seule réponse correcte.

– **un tableau d'appariement** : associer un dialogue à une image. Il y a toujours 4 dialogues mais 6 images. Il y a donc 2 images non utilisées.

CONSEILS

■ S'entraîner à :
– écouter et noter des chiffres et des lettres ;
– repérer des itinéraires ;
– distinguer les sons du français.

SE PRÉPARER

1 Identifier un événement

Comprendre un message

Activité 1

Piste 1

Écoutez les messages et **cochez** le prénom correct.

Message n° 1 :
Qui parle ? ☐ Julie. ☐ Julien. ☐ Virginie.

Message n° 2 :
Qui parle ? ☐ Anne. ☐ Laura. ☐ Josiane.

Message n° 3 :
Qui parle ? ☐ Luigi. ☐ Julien. ☐ Vincent.

Activité 2

Piste 2

Écoutez les messages et **cochez** le prénom correct.

Message n° 1 :
C'est l'anniversaire de qui ? ☐ Adrien. ☐ Armand. ☐ Amandine.

Message n° 2 :
Qui est en retard ? ☐ Juliette. ☐ Valérie. ☐ Isabelle.

Message n° 3 :
Qui joue au tennis avec Louis ? ☐ Charlie. ☐ Pierre. ☐ Fabrice.

Activité 3

Piste 3

Écoutez les messages et **cochez** les bonnes réponses.

Message n° 1 : Valentin vous appelle pour aller où ?
☐ Au musée. ☐ Au cinéma. ☐ Au théâtre.

Message n° 2 : Qu'est-ce que Léa vous demande de faire ?
☐ D'aller au cinéma. ☐ D'acheter les billets. ☐ De faire des courses.

Message n° 3 : Qu'est-ce que vous devez apporter ?
☐ Un cadeau. ☐ Un gâteau. ☐ Une boisson.

Activité 4

Piste 4

Écoutez les messages et **cochez** les bonnes réponses.

Message n° 1 : Qu'est-ce que vous devez apporter ?
☐ Un gâteau. ☐ Une salade. ☐ Un jus de fruits.

Qu'est-ce que Martine apporte ?
☐ Un gâteau. ☐ Une salade. ☐ Un jus de fruits.

Message n° 2 : Avec qui est-ce que vous pouvez aller au concert ?
☐ Avec Sophie. ☐ Avec Brigitte. ☐ Avec Jean-Luc.

Avec qui est-ce que Jean-Luc va au concert ?
☐ Avec Marie. ☐ Avec Sophie. ☐ Avec Brigitte.

Message n° 3 : Quel jour est-ce que vous avez rendez-vous avec Marc ?
☐ Mercredi. ☐ Jeudi. ☐ Vendredi.

Quel jour Marc a rendez-vous avec Alberto ?
☐ Mercredi. ☐ Jeudi. ☐ Vendredi.

compréhension de l'oral

— Comprendre des informations chiffrées

Activité 5
Écoutez les messages et **cochez** les bonnes réponses.

Message n° 1 :	Martine a combien de frères ?	☐ 2.	☐ 3.	☐ 4.
Message n° 2 :	Combien de personnes viennent à la fête ?	☐ 6.	☐ 13.	☐ 16.
Message n° 3 :	Combien de tomates est-ce que vous devez acheter ?	☐ 6.	☐ 10.	☐ 12.

Activité 6
Écoutez les messages et **cochez** les bonnes réponses.

Message n° 1 : Combien de kilos de pommes de terre est-ce qu'Alexandre achète ?
  ☐ 2 kg. ☐ 2,5 kg. ☐ 4,5 kg.

Message n° 2 : Béatrice a combien de paires de chaussures ?
  ☐ 12. ☐ 20. ☐ 21.

Message n° 3 : Quel est le montant de la réduction ?
  ☐ 45 %. ☐ 65 %. ☐ 75 %.

Activité 7
Écoutez la conversation et **reliez** les informations.

Personnes	Dates de naissance
Vincent •	• 30 / 05 / 1982
Audrey •	• 01 / 03 / 1982
Alexandra •	• 28 / 08 / 1978

Activité 8
Écoutez les messages et **reliez** les propositions.

Personnes	Numéros de téléphone
Sylvain •	• 04.83.72.11.29
Robert •	• 06.41.12.71.39
Carole •	• 03.21.96.55.41

Activité 9
Écoutez les messages et **cochez** les bonnes réponses.

Message n° 1 :	☐ 01.47.72.33.09	☐ 01.47.62.39.90	☐ 01.47.75.34.09
Message n° 2 :	☐ 03.20.90.01.02	☐ 03.20.94.12.00	☐ 03.20.90.01.00
Message n° 3 :	☐ 06.09.77.50.91	☐ 06.09.77.50.11	☐ 06.90.77.50.51

— Comprendre des instructions simples

Activité 10
Écoutez les messages et **reliez** chaque prénom à l'image correspondante.

Pauline   Julien   Julie

A.   B.   C.

SE PRÉPARER

Activité 11
Écoutez les messages et **cochez** les bonnes réponses.

Message n° 1 : Qu'est-ce que Jacques veut faire samedi au parc ?
    ☐ Faire du vélo.   ☐ Nettoyer sa moto.   ☐ Manger des crêpes.

Message n° 2 : Pourquoi Clara veut aller au centre commercial avec vous ?
    ☐ Elle veut acheter un pantalon.
    ☐ Elle veut acheter un manteau.
    ☐ Elle veut acheter une chemise.

Message n° 3 : Pour quoi Lucie veut aller au marché avec vous ?
    ☐ Pour acheter des fruits.
    ☐ Pour acheter des légumes.
    ☐ Pour acheter des boissons.

Activité 12
Écoutez les messages et **reliez** les propositions.

Message n° 1 •   • Mer
Message n° 2 •   • Ville
Message n° 3 •   • Campagne

Activité 13
Écoutez les messages et **cochez** les bonnes réponses.

Message n° 1 : Quel est le lieu du rendez-vous ?
    ☐ Chez vous.   ☐ Chez Bastien.   ☐ Chez Sébastien.

Message n° 2 : Quel est le lieu du rendez-vous ?
    ☐ Chez Sountou.   ☐ Devant le marché.   ☐ Devant le restaurant.

Message n° 3 : Quel est le lieu du rendez-vous ?
    ☐ À droite du magasin Dupont.
    ☐ À l'entrée du magasin Dupont.
    ☐ À l'entrée du centre commercial.

2 Identifier une activité

— Comprendre la météo et les flashs info

Activité 14
Écoutez les messages et **notez** le numéro du message sous l'image correspondante.

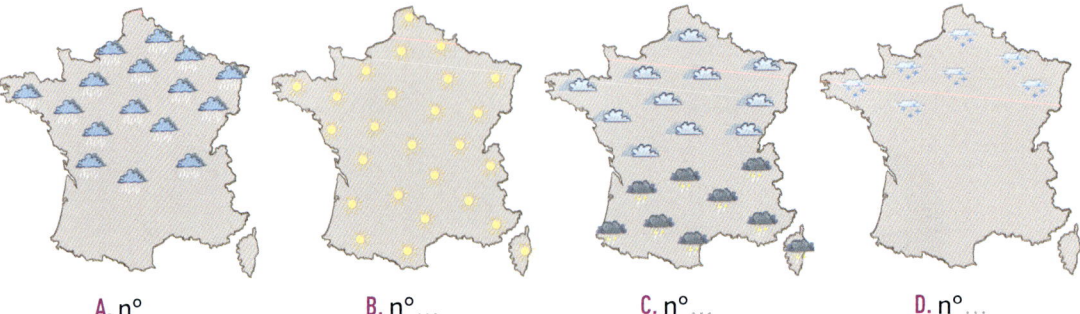

A. n°…   B. n°…   C. n°…   D. n°…

compréhension de l'oral

Activité 15
Écoutez les messages et **cochez** les bonnes réponses.

Message n° 1 : Quelle est la température à Paris ?
☐ 8 degrés.   ☐ 16 degrés.   ☐ 18 degrés.

Message n° 2 : Quelle est la température à Lille ?
☐ 4 degrés.   ☐ 14 degrés.   ☐ 24 degrés.

Message n° 3 : Quelle est la température à Bordeaux ?
☐ 15 degrés.   ☐ 23 degrés.   ☐ 25 degrés.

Activité 16
Écoutez les messages et **reliez** les propositions.

Message n° 1 •   • Invitation
Message n° 2 •   • Information
Message n° 3 •   • Recommandation

Activité 17
Écoutez les messages et **cochez** les bonnes réponses.

Message n° 1 : Où est-ce que l'exposition est organisée ?
☐ Devant la mairie.
☐ Dans les bureaux de l'association.
☐ Dans la maison des associations.

Message n° 2 : Où est-ce que le directeur va ?
☐ À l'école.   ☐ À la mairie.   ☐ À l'entreprise.

Message n° 3 : Quels sont les nouveaux produits au marché ?
☐ Des salades.   ☐ Des pommes de terre.   ☐ Des pommes et des bananes.

Activité 18
Écoutez les messages et **cochez** les bonnes réponses.

Message n° 1 : Quelle est la date du concert ?
☐ Vendredi 2 avril.   ☐ Vendredi 20 avril.   ☐ Vendredi 22 avril.

Message n° 2 : Où est-ce que vous pouvez acheter un billet ?
☐ Sur le site du film.   ☐ Sur le site de la ville.   ☐ Sur le site du cinéma.

Message n° 3 : Qu'est-ce que vous pouvez envoyer pendant les vacances ?
☐ Des colis.   ☐ Des boîtes.   ☐ Des lettres.

▬ Repérer des indices sonores

Activité 19
Écoutez les messages et **cochez** les bonnes réponses.

Message n° 1 : Où sont Brigitte et Catherine ?   ☐ Chez Brigitte.   ☐ Chez Catherine.   ☐ Au restaurant.
Message n° 2 : Où est Samuel ?   ☐ Chez lui.   ☐ Chez Amélie.   ☐ Au restaurant.
Message n° 3 : Où est Lucie ?   ☐ Au marché.   ☐ Au supermarché.   ☐ À la boucherie.

SE PRÉPARER

Activité 20
Écoutez les messages et **remplissez** le tableau.

	À la gare	À l'aéroport
Message n° 1	☐	☐
Message n° 2	☐	☐
Message n° 3	☐	☐

Activité 21
Écoutez les messages et **reliez** les propositions.

Message n° 1 •
Message n° 2 •   • Affirmation.
Message n° 3 •   • Interrogation.
Message n° 4 •   • Exclamation.
Message n° 5 •
Message n° 6 •

Activité 22
Écoutez les messages et **remplissez** le tableau.

Sentiments	Messages
Content(e)	n°…
Triste	n°…
Fatigué(e)	n°…
En colère	n°…
Malade	n°…

Comprendre une annonce

Activité 23
Écoutez les messages et **cochez** les bonnes réponses.

Message n° 1 : Combien de temps est-ce que la promotion dure ?
☐ 30 minutes.   ☐ 40 minutes.   ☐ 50 minutes.

Message n° 2 : La promotion est pour quels articles ?
☐ Les pantalons.   ☐ Les jouets pour les garçons.   ☐ Les jouets pour les filles.

Message n° 3 : Où est le rendez-vous pour découvrir les promotions ?
☐ Dans le magasin.   ☐ À l'entrée du magasin.   ☐ À la sortie du magasin.

Activité 24
Écoutez le message et **répondez** aux questions.

1. La promotion est pour quels articles ? ☐ Les jouets. ☐ Les livres. ☐ Les légumes.
2. À quelle heure est-ce que la promotion commence ? ☐ À 10 h. ☐ À 13 h. ☐ À 15 h.
3. Quel est le pourcentage de réduction ? ☐ 10 %. ☐ 15 %. ☐ 75 %.
4. La prochaine promotion est pour quels articles ? ☐ Les jouets. ☐ Les livres. ☐ Les légumes.

compréhension de l'oral

Activité 25

Écoutez les messages et **cochez** les bonnes réponses.

Message n° 1 :   Quel est le numéro du vol ?
☐ AF613.   ☐ AF713.   ☐ AF793.

Message n° 2 :   L'annonce indique un changement…
☐ de numéro de train.   ☐ d'heure de départ du train.   ☐ de lieu de départ du train.

Message n° 3 :   Quelle est la destination du TGV 1002 ?
☐ Rouen.   ☐ Rennes.   ☐ Reims.

3 Comprendre des instructions

— Comprendre des activités

Activité 26

Écoutez les messages et **cochez** les bonnes réponses.

Message n° 1 :
Quelle est la profession de Clara Dupont ?   ☐ Médecin.   ☐ Secrétaire.   ☐ Directrice.

Message n° 2 :
Quelle est la profession de Monsieur Legrand ?   ☐ Secrétaire.   ☐ Professeur.   ☐ Vendeur.

Message n° 3 :
Le rendez-vous est pour un emploi de…   ☐ Secrétaire.   ☐ Serveur.   ☐ Vendeur.

Activité 27

Écoutez les messages et **cochez** les bonnes réponses.

Message n° 1 :   L'offre est pour quelle profession ?
☐ Pompier.   ☐ Policier.   ☐ Plombier.

Message n° 2 :   Quelle est la profession de Madame Joly ?
☐ Professeure de maths.   ☐ Professeure d'histoire.   ☐ Professeure de français.

Message n° 3 :   Pour quelle offre est-ce que vous avez rendez-vous avec Madame Morin ?
☐ Serveur.   ☐ Vendeur.   ☐ Professeur.

Activité 28

Écoutez les messages et **cochez** les bonnes réponses.

Message n° 1 :   Quel document devez-vous envoyer ?
☐ La carte d'identité.   ☐ Le permis de conduire.   ☐ La carte d'assurance maladie.

Message n° 2 :   Quel document devez-vous envoyer ?
☐ Un CV.   ☐ Un contrat.   ☐ Une lettre de motivation.

Message n° 3 :   Quel document devez-vous envoyer ?
☐ La liste des concerts.   ☐ Le programme du concert.   ☐ Le programme de la réunion.

SE PRÉPARER

— Se situer dans le temps

Activité 29
Écoutez les messages et **cochez** les bonnes réponses.

Message n° 1 :
Vous devez organiser la réunion…   ☐ avant jeudi.   ☐ jeudi.   ☐ après jeudi.

Message n° 2 :
Avant quelle date est-ce que vous devez répondre ?   ☐ Le 6 mai.   ☐ Le 16 mai.   ☐ Le 26 mai.

Message n° 3 :
Quel jour est-ce que vous avez rendez-vous ?   ☐ Mercredi.   ☐ Jeudi.   ☐ Vendredi.

Activité 30
Écoutez les messages et **notez** les numéros sous les horloges correspondantes.

A. n°…   B. n°…   C. n°…   D. n°…   E. n°…

Activité 31
Écoutez les messages et **cochez** les bonnes réponses.

Message n° 1 :
À quelle heure est votre rendez-vous ?   ☐ 3 h 40.   ☐ 14 h 40.   ☐ 15 h 40.

Message n° 2 :
Quelle est l'heure du message ?   ☐ 9 h 15.   ☐ 9 h 30.   ☐ 9 h 45.

Message n° 3 :
À quelle heure est la réunion ?   ☐ 12 h 00.   ☐ 13 h 30.   ☐ 17 h 30.

— Comprendre une instruction

Activité 32
Écoutez le message et **cochez** les bonnes réponses.
Où est-ce que vous allez pour acheter les produits ?

A. ☐   B. ☐   C. ☐

compréhension de l'oral

D. ☐   E. ☐   F. ☐

Activité 33

Écoutez le message et **cochez** le plan avec le bon itinéraire.

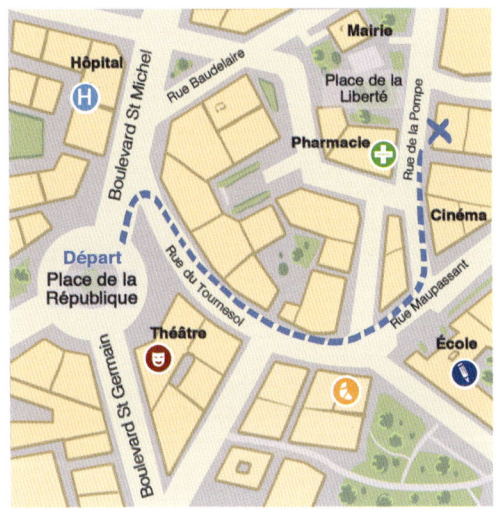 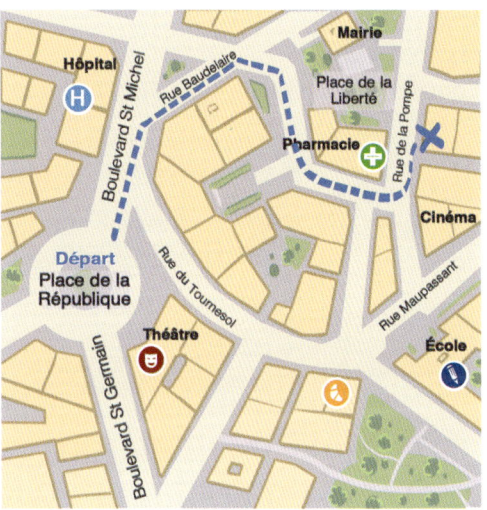

A. ☐   B. ☐

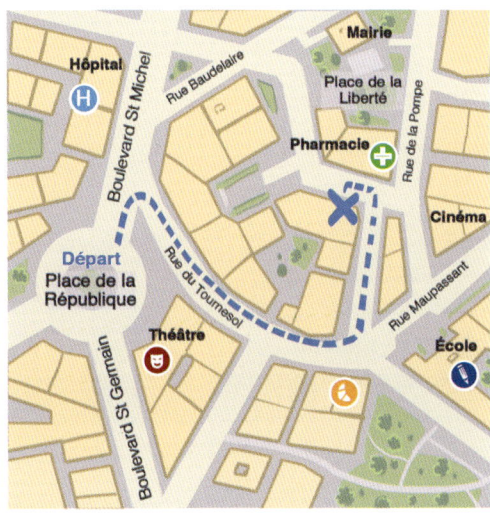

C. ☐

SE PRÉPARER

Activité 34
Écoutez les messages et **complétez** le tableau.

Qui vous laisse le message ?

	Votre directeur	Votre collègue
Message n° 1	☐	☐
Message n° 2	☐	☐
Message n° 3	☐	☐

Activité 35
Écoutez les messages et **reliez** les propositions.

Message n° 1 :   Maxime téléphone pour…   •   • s'excuser.
Message n° 2 :   Caroline téléphone pour…   •   • vous féliciter.
Message n° 3 :   Sarah téléphone pour…   •   • vous souhaiter de bonnes vacances.

Activité 36
Écoutez les messages et **cochez** les bonnes réponses.

Message n° 1 :   Pour répondre à l'offre, vous devez…
   ☐ écrire à l'agence.   ☐ aller sur le site Internet.   ☐ téléphoner à Mme Dupuis.

Message n° 2 :   Pour répondre à une offre d'emploi à l'aéroport, vous devez…
   ☐ téléphoner à Mme Dupuis.   ☐ téléphoner à M. Olivier.   ☐ écrire à Mme Dupuis.

Message n° 3 :   Qu'est-ce que vous devez apporter à la réunion ?
   ☐ Des stylos.   ☐ Des crayons.   ☐ Des stylos et des feuilles.

▌4 Identifier des situations

— Identifier une personne

Activité 37
Écoutez les dialogues et **cochez** les bonnes réponses.

Dialogue n° 1 :   Quel âge a Anne ?   ☐ 16 ans.   ☐ 17 ans.   ☐ 18 ans.
Dialogue n° 2 :   Quel âge a Marc ?   ☐ 23 ans.   ☐ 33 ans.   ☐ 43 ans.
Dialogue n° 3 :   Quel âge a Paul ?   ☐ 59 ans.   ☐ 60 ans.   ☐ 61 ans.

Activité 38
Écoutez le dialogue et **complétez** le tableau.

Élèves	Dates d'anniversaire	Âges
David	Jour : … Mois : …	… ans
Margot	Jour : … Mois : …	… ans
Emma	Jour : … Mois : …	… ans
Victor	Jour : … Mois : …	… ans

compréhension de l'oral

Activité 39
Écoutez les descriptions et **notez** le numéro sous l'image correspondante.

A. n°... B. n°... C. n°... D. n°...

Activité 40
Écoutez les descriptions et **indiquez** le prénom des personnes.

PHOTO N° 1

❶ . . . .
❷ . . . .
❸ . . . .
❹ . . . .
❺ . . . .

PHOTO N° 2

❶ . . . .
❷ . . . .
❸ . . . .
❹ . . . .
❺ . . . .

Activité 41
Écoutez les dialogues et **cochez** les bonnes réponses.

Dialogue n° 1 :   C'est la montre de qui ?
　　　　　　　　☐ De Delphine.　☐ De Guillaume.　☐ De la professeure.
Dialogue n° 2 :   Qu'est-ce qu'il y a sur la table de Thomas ?
　　　　　　　　☐ Ses clés.　☐ Ses stylos.　☐ Son parapluie.
Dialogue n° 3 :   La professeure aime…
　　　　　　　　☐ le chapeau
　　　　　　　　☐ le manteau　　… de Yasmine.
　　　　　　　　☐ les chaussures

Activité 42
Écoutez la description et **indiquez** le prénom des personnes.

Chantal vous montre une photo des professeurs.

❶ . . . .
❷ . . . .
❸ . . . .
❹ . . . .
❺ . . . .
❻ . . . .
❼ . . . .

SE PRÉPARER

▬ Comprendre des relations

Activité 43
Écoutez les messages et **complétez** le tableau.

	Tutoiement	Vouvoiement
Message n° 1	☐	☐
Message n° 2	☐	☐
Message n° 3	☐	☐
Message n° 4	☐	☐

Activité 44
Écoutez les dialogues et **cochez** les bonnes réponses..

Dialogue n° 1 :   Marion et Valentine…   ☐ se connaissent.   ☐ ne se connaissent pas.

Dialogue n° 2 :   Olivia et Anne-Marie…   ☐ se connaissent.   ☐ ne se connaissent pas.

Dialogue n° 3 :   Monsieur Lemaître et le directeur…   ☐ se connaissent.   ☐ ne se connaissent pas.

Activité 45
Écoutez les messages et **cochez** les bonnes réponses.

Message n° 1 :   Qui est Madame Buisson ?
☐ La maman de Julie.   ☐ La professeure d'histoire de Julie.   ☐ La directrice de l'école.

Message n° 2 :   Qui parle ?
☐ La maman de Lola.   ☐ La professeure de dessin de Lola.   ☐ La directrice de l'école.

Message n° 3 :   Qui est Clémence ?
☐ La maman de Gauthier.   ☐ La professeure de Gauthier.   ☐ Une copine de classe de Gauthier.

▬ Repérer le sujet et la situation

Activité 46
Écoutez les dialogues et **cochez** les bonnes réponses.

Dialogue n° 1 :   Où est Camille ?
☐ Dans la salle du cours d'histoire.
☐ Dans la salle du cours d'anglais.
☐ Dans la salle du cours de français.

Dialogue n° 2 :   Où va Augustin pour étudier ?
☐ Chez lui.
☐ À la salle de sport.
☐ À la bibliothèque.

Dialogue n° 3 :   Où sont Lou et Clément ?
☐ À l'entrée de l'école.
☐ À la sortie de l'école.
☐ Dans la classe de mathématiques.

compréhension de l'oral

 Activité 47

Écrivez le numéro du dialogue sous l'image qui correspond. Attention, il y a quatre dialogues et six images.

A. n°...   B. n°...   C. n°...

D. n°...   E. n°...   F. n°...

 Activité 48

Écrivez le numéro du dialogue sous l'image qui correspond. Attention, il y a quatre dialogues et six images.

A. n°...   B. n°...   C. n°...

D. n°...   E. n°...   F. n°...

SE PRÉPARER

5 Identifier des objets

— Identifier un objet

Activité 49
Écoutez les dialogues et **cochez** les bonnes réponses.

Message n° 1 :

A. ☐   B. ☐

Message n° 2 :

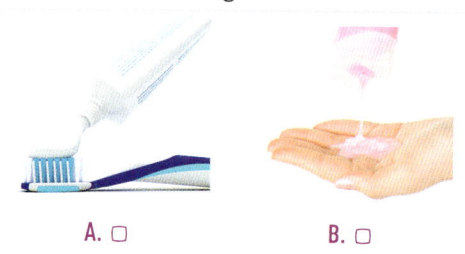

A. ☐   B. ☐

Message n° 3 :

A. ☐   B. ☐

Activité 50
Écoutez les noms d'objets et **reliez** au bon numéro.

A.   B.   C.   D.   E.

❶   ❷   ❸   ❹   ❺

Activité 51
Reliez chaque objet à son nom. **Écoutez** l'audio pour vérifier vos réponses.

A.   B.   C.   D.   E.

❶ Un jus de fruits   ❷ Des légumes   ❸ Des fruits   ❹ Une tomate   ❺ Une pomme

compréhension de l'oral

 Activité 52

Écoutez les noms des 6 objets et **cochez** leur numéro dans le lieu correspondant.

Le restaurant	La chambre	La salle de bains

☐ 1 ☐ 2 ☐ 3 ☐ 4 ☐ 5 ☐ 6   ☐ 1 ☐ 2 ☐ 3 ☐ 4 ☐ 5 ☐ 6   ☐ 1 ☐ 2 ☐ 3 ☐ 4 ☐ 5 ☐ 6

 Activité 53

Écoutez les noms d'objets et **cochez** les objets entendus.

A. ☐   B. ☐   C. ☐   D. ☐

E. ☐   F. ☐   G. ☐   H. ☐

— **Comprendre des informations sur des objets**

 Activité 54

Écoutez les messages et **cochez** les bonnes réponses.

Message n° 1 :   Qu'est-ce que Manuela prend toujours en voyage ?

A. ☐   B. ☐

Message n° 2 :   Qu'est-ce que Manuela adore ?

A. ☐   B. ☐

Message n° 3 :   Qu'est-ce que Manuela doit avoir pour son travail ?

A. ☐   B. ☐

SE PRÉPARER

Activité 55
Écoutez le message et **classez** dans l'ordre (de 1 à 5) les objets que vous entendez.

A. ...   B. ...   C. ...   D. ...   E. ...

Activité 56
Écoutez le message et **cochez** les objets présents sur le bureau de Salim.

Activité 57
Écoutez et **cochez** les plats du déjeuner de Frida et du déjeuner de Richard.

Frida		
A. ☐	B. ☐	C. ☐
D. ☐	E. ☐	F. ☐

compréhension de l'oral

 Activité 58

Écoutez les messages. Vous entendez le nom de l'objet ? **Cochez** « oui » ou « non ».

27

S'ENTRAÎNER

1 Identifier un événement

Vous allez écouter plusieurs documents. Il y a 2 écoutes.
Avant chaque écoute, vous entendez le son d'une cloche.
Dans les exercices 1, 2, 3 et 5, pour répondre aux questions, cochez la bonne réponse.

Exercice 1 (4 points)

Vous allez entendre deux fois un document. Vous avez 30 secondes après la consigne pour lire les questions, 30 secondes de pause entre les deux écoutes puis 30 secondes pour vérifier les réponses.
Lisez les questions. **Écoutez** le document puis **répondez**. Vous écoutez ce message sur votre répondeur.

▸ Avant la 1re écoute du document audio, préparez votre brouillon et prenez votre stylo.
   Pendant la 1re écoute, écrivez les mots clés entendus.
▸ Lisez les questions et surlignez les mots importants.
   Hugo vous propose d'aller où ? = la réponse attendue est un lieu.
   Quel jour est le rendez-vous ? = la réponse attendue est un jour de la semaine.
▸ Pour chaque question, il y a 3 choix de réponse : une seule réponse est correcte.
   Cochez une seule case.

1 - Hugo vous propose d'aller où ? (1 point)
a. ☑ Au cinéma.   b. ☐ Au théâtre.   c. ☐ Au restaurant.

2 - Quel jour est le rendez-vous ? (1 point)
a. ☑ Mardi.   b. ☐ Mercredi.   c. ☐ Jeudi.

3 - À quelle heure est le rendez-vous ? (1 point)
a. ☐ 18 h 00.   b. ☑ 18 h 30.   c. ☐ 19 h 00.

4 - Avec qui est-ce que vous pouvez venir ? (1 point)
a. ☐ Anna.   b. ☐ Carlos.   c. ☑ Carmen.

▸ *Avec qui est-ce que vous pouvez venir ?*
   Sur votre brouillon, notez les prénoms entendus dans le document audio. La question s'adresse à vous. Il faut donc distinguer le prénom de votre ami au téléphone et de ses amis à lui.
▸ Le nombre de points est indiqué en face de chaque question. Plus le nombre de points est élevé, plus la question est difficile. Dans cet exercice, chaque question a 1 point.

Exercice 2 (4 points)

Lisez les questions. **Écoutez** le document puis **répondez**.
Vous écoutez ce message sur votre répondeur.

1 - C'est l'anniversaire de qui ? (1 point)
a. ☐ Léon.   b. ☐ Louis.   c. ☐ Jeannette.

compréhension de l'oral

2 - Qu'est-ce que vous devez apporter ? `1 point`

a. ☐   b. ☐   c. ☐

3 - À quelle heure est le rendez-vous chez Jeannette ? `1 point`
a. ☐ 14 h 00.   b. ☐ 15 h 00.   c. ☐ 16 h 00.

4 - Comment allez-vous à l'anniversaire ? `1 point`
a. ☐ En train.   b. ☐ En métro.   c. ☐ En voiture.

🎧 PISTE 61 — Exercice 3   `4 points`

Lisez les questions. **Écoutez** le document puis **répondez**.
Vous écoutez ce message sur votre répondeur.

1 - Fabiola vous propose d'aller à la plage… `1 point`
a. ☐ ce midi.   b. ☐ cet après-midi.   c. ☐ ce soir.

2 - À quelle heure est le rendez-vous ? `1 point`
a. ☐ 13 h 30.   b. ☐ 14 h 30.   c. ☐ 16 h 30.

3 - Fabiola va préparer une salade avec quoi ? `1 point`

a. ☐   b. ☐   c. ☐

4 - Qu'est-ce que Fabiola propose de manger à la plage ? `1 point`
a. ☐ Des fruits.   b. ☐ Une glace.   c. ☐ Une gaufre.

PRÊT POUR L'EXAMEN

① Avant la 1re écoute, lire toutes les questions et, pendant la 1re écoute, noter les mots compris.

② Se poser les bonnes questions : Quelle activité ? Avec qui ? Quand ? Où ? Comment ?

③ Être attentif à la 2e écoute et vérifier ses réponses. Faire les croix définitives ☒ au stylo. Attention : une seule réponse possible à chaque question !

S'ENTRAÎNER

2 Identifier une activité

Exercice 4
4 points

Lisez les questions. **Écoutez** le document puis **répondez**.
Vous entendez cette annonce dans un magasin.

▸ Lisez attentivement la consigne : vous êtes dans un magasin = vous êtes un client ; vous entendez cette annonce = des informations importantes.

1 - La promotion est sur quel objet ? 1 point

a. ☐ b. ☑ c. ☐

▸ Repérez les mots importants dans la question. *La promotion est sur quel objet ?* = le mot « promotion » est dans le document audio, il faut être attentif à ce mot ; concentrez-vous sur les objets prononcés dans le document audio.

2 - Quel est le pourcentage de réduction ? 1 point
a. ☐ 15 %. b. ☑ 25 %. c. ☐ 35 %.

▸ La réponse attendue est un chiffre. « % » se prononce « pour cent ».

3 - Où sont les livres et les disques ? 1 point

a. ☑ b. ☐ c. ☐

▸ Observez les images et décrivez-les dans votre tête : « les disques sont à côté des livres », « les disques sont en-dessous des livres »… Cet exercice permet de vous préparer à entendre la bonne réponse.

4 - La réduction est valable jusqu'au… 1 point
a. ☐ 3 mai. b. ☑ 13 mai. c. ☐ 16 mai.

▸ Sur votre brouillon, avant la 1re écoute, écrivez les chiffres en lettres pour aider votre compréhension.
3 = trois 13 = treize 16 = seize

Exercice 5
4 points

Lisez les questions. **Écoutez** le document puis **répondez**.
Vous entendez cette annonce à la radio.

1 - Où est le grand concert de ce soir ? 1 point

a. ☐ b. ☐ c. ☐

compréhension de l'oral

2 - Pour le concert, il y a des chanteurs français, anglais et... — **1 point**
 a. ☐ indiens. **b.** ☐ italiens. **c.** ☐ brésiliens.

3 - À quel numéro de téléphone est-ce que vous devez appeler pour gagner des billets ? — **1 point**
 a. ☐ 01.46.78.02.82 **b.** ☐ 01.06.79.22.84 **c.** ☐ 01.46.79.02.84

4 - Quelle est la météo pour ce soir ? — **1 point**

a. ☐   **b.** ☐   **c.** ☐

Exercice 6 — **4 points**

Lisez les questions. **Écoutez** le document puis **répondez**.
Vous entendez cette annonce dans une gare.

1 - Quel est le numéro du train ? — **1 point**

a. ☐   **b.** ☐   **c.** ☐

2 - Combien de temps avant le départ est-ce que vous devez vous présenter ? — **1 point**
 a. ☐ 5 minutes. **b.** ☐ 15 minutes. **c.** ☐ 25 minutes.

3 - Qu'est-ce que vous ne devez pas oublier ? — **1 point**
 a. ☐ Mon nom. **b.** ☐ Ma ville d'arrivée. **c.** ☐ Mon billet.

4 - Qu'est-ce que vous devez mettre sur vos bagages ? — **1 point**
 a. ☐ Mon nom. **b.** ☐ Ma ville d'arrivée. **c.** ☐ Mon numéro de téléphone

---

PRÊT POUR L'EXAMEN

❶ Avant la 1re écoute, lire toutes les questions et souligner les mots importants.
❷ Se poser les bonnes questions pour comprendre le document audio de cet exercice :
Quel thème ? Quand ? Où ? Combien ? Quel numéro ?
❸ Ne pas vouloir tout comprendre dès la 1re écoute : se concentrer sur 2 informations
(1 information de type lieu, objet, thème et 1 information avec des chiffres) et sur
2 autres (les plus difficiles) pendant la 2e écoute.

S'ENTRAÎNER

3 Comprendre des instructions

Exercice 7 — 4 points

Lisez les questions. **Écoutez** le document puis **répondez**.
Vous cherchez un travail en France. Vous entendez ce message sur votre répondeur.

▶ Vous êtes en France. Le message s'adresse à vous.

1 - L'entretien est pour quel travail ? *(1 point)*
a. ☐ Vendeur.   **b.** ☐ Directeur.   **c.** ☑ Secrétaire.

▶ Le message est professionnel : <u>entretien</u>, <u>travail</u>.
Il y a 3 choix de réponse et 1 seule réponse correcte. 2 mots sont présents dans le document audio. Pendant la 1ʳᵉ écoute, notez les 2 mots entendus. Et pendant la 2ᵉ écoute, écoutez attentivement le mot « travail » de la question pour trouver la réponse correcte. <u>Attention</u> : n'oubliez pas de cocher votre réponse définitive.

2 - À quelle heure est l'entretien ? *(1 point)*
a. ☐ À 13 h 45.   **b.** ☑ À 15 h 45.   **c.** ☐ À 16 h 45.

▶ Ici, dans les 3 heures, les minutes sont « 45 ». Concentrez-vous sur l'heure : 13 (treize), 15 (quinze) ou 16 (seize).

3 - Pour l'entretien, vous devez apporter la photocopie de quel document ? *(1 point)*
a. ☑ Mon CV.   **b.** ☐ Ma pièce d'identité.   **c.** ☐ Ma lettre de motivation.

▶ Soulignez les mots importants : <u>photocopie</u>, <u>document</u>. Souligner les mots permet de lire plus rapidement la question pendant l'écoute.

4 - À quelle porte est-ce que vous devez vous présenter ? *(1 point)*
a. ☑ Porte E.   **b.** ☐ Porte I.   **c.** ☐ Porte U.

▶ Dans les 3 choix possibles, la différence porte sur les voyelles « E », « I » et « U ». À la lecture des questions et avant la 1ʳᵉ écoute, prononcez ces voyelles dans votre tête.

Exercice 8 — 4 points

Lisez les questions. **Écoutez** le document puis **répondez**.
Vous travaillez en France et vous recevez un message de votre collègue Arwa.

1 - Quand a lieu la réunion ? *(1 point)*
a. ☐ Aujourd'hui.   **b.** ☐ Demain.   **c.** ☐ Après-demain.

2 - Quel est le numéro de téléphone du responsable de l'agence ? *(1 point)*
a. ☐ 06.61.07.95.30   **b.** ☐ 06.61.07.85.30   **c.** ☐ 06.71.07.85.30

3 - Combien de temps va durer la réunion ? *(1 point)*
a. ☐ 15 minutes.   **b.** ☐ 30 minutes.   **c.** ☐ 45 minutes.

4 - Qu'est-ce que vous devez faire aussi ? *(1 point)*
a. ☐ Préparer le repas.   **b.** ☐ Réserver le restaurant.   **c.** ☐ Réserver la salle de la réunion.

compréhension de l'oral

Exercice 9 — 4 points

Lisez les questions. **Écoutez** le document puis **répondez**.
Vous habitez en France et vous écoutez ce message sur votre répondeur.

1 - La nouvelle offre d'emploi est pour quel métier ? — 1 point
a. ☐ Serveur.   b. ☐ Vendeur.   c. ☐ Directeur.

2 - Dans quel bureau est-ce que vous devez aller ? — 1 point
a. ☐ 202.   b. ☐ 212.   c. ☐ 222.

3 - Qu'est-ce que vous devez apporter ? — 1 point
a. ☐ Un CV.   b. ☐ Une pièce d'identité.   c. ☐ Une lettre de motivation.

4 - Avant quelle heure est-ce que vous devez aller à l'agence ? — 1 point
a. ☐ 13 h.   b. ☐ 16 h.   c. ☐ 18 h.

PRÊT POUR L'EXAMEN

❶ Avant la 1ʳᵉ écoute, lire toutes les questions et souligner les mots importants.
❷ Se poser les bonnes questions : Qui ? Pourquoi ? Quand ? Où ? Comment ?
❸ Utiliser la feuille de brouillon pour écrire des mots entendus et les chiffres entendus (heure, numéro de salle, numéro de téléphone) pendant la 1ʳᵉ écoute.

S'ENTRAÎNER

4 Identifier des situations

Vous allez entendre quatre petits dialogues correspondant à quatre situations différentes. Il y a 15 secondes de pause après chaque dialogue. Notez, sous chaque image, le numéro du dialogue qui correspond. Puis vous allez entendre à nouveau les dialogues. Vous pouvez compléter vos réponses. Regardez les images. Attention, il y a six images (A, B, C, D, E et F) mais seulement quatre dialogues.

Exercice 10   8 points

▸ Pendant l'écoute des dialogues, écrivez des mots sur votre brouillon avant d'écrire votre réponse.
  Exemple : dialogue n° 1 = retard, petit déjeuner.

A. n°   B. n° 4   C. n° 1

D. n° 3   E. n° 2   F. n°

▸ Soyez attentif aux détails ! Exemple : image C = horloge : 7 h 45 ; image D = horloge : 9 h 45.
▸ Repérez si les images illustrent des adultes ou des enfants.
  Repérez le contexte : à l'école, à la maison, dans une bibliothèque, dans la rue.
▸ Attention : il y a 6 images mais seulement 4 dialogues. Il y a donc 2 images sans numéro.

Exercice 11   8 points

A. n°...   B. n°...   C. n°...

compréhension de l'oral

D. n°...

E. n°...

F. n°...

Exercice 12

8 points

A. n°...

B. n°...

C. n°...

D. n°...

E. n°...

F. n°...

PRÊT POUR L'EXAMEN

❶ Observer attentivement les 6 images : regarder les personnages, les lieux et les détails.

❷ Repérer des indices dans les dialogues : Qui parle ? Combien de personnes ? Est-ce que ce sont des adultes ou des enfants ? Où sont-ils ?

❸ Écrire 4 chiffres (1, 2, 3, 4). Vérifier d'écrire une seule fois chaque chiffre. Pour les images sans dialogue, laisser l'espace vide (ne rien écrire).

S'ENTRAÎNER

5 Identifier des objets

Exercice 13   5 points

Vous allez entendre un message. Quels objets sont donnés dans le message ? Vous entendez le nom de l'objet ? Cochez OUI. Sinon, cochez NON. Puis vous allez entendre à nouveau le message. Vous pouvez compléter vos réponses.

▸ Après la lecture de la consigne, regardez attentivement les 5 objets. Prononcez le nom de chaque objet dans votre tête.

▸ Vous pouvez aussi utiliser votre brouillon et écrire le nom des 5 objets. Attention, entre la consigne et la 1re écoute, il y a seulement 15 secondes, c'est rapide.

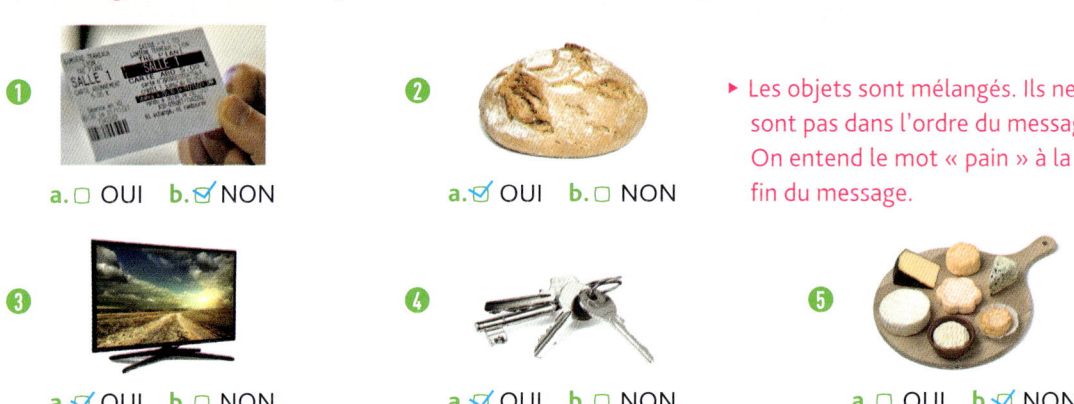

❶ a. ☐ OUI   b. ☑ NON
❷ a. ☑ OUI   b. ☐ NON

▸ Les objets sont mélangés. Ils ne sont pas dans l'ordre du message. On entend le mot « pain » à la fin du message.

❸ a. ☑ OUI   b. ☐ NON
❹ a. ☑ OUI   b. ☐ NON
❺ a. ☐ OUI   b. ☑ NON

▸ Dans le message, on entend des informations sur des aliments : *pâtes*, *tomate*, *pain*. Utilisez la 2e écoute du message pour vérifier s'il y a l'aliment *fromage*. Après la 2e écoute, vous avez 30 secondes pour compléter et vérifier vos réponses.

▸ Attention, il est possible de manger des pâtes à la sauce tomate avec du fromage mais il ne faut pas interpréter ou déduire. Il faut entendre le mot *fromage* pour cocher OUI. Ici, il n'y a pas le mot *fromage* dans le message, donc c'est NON.

Exercice 14   5 points

Vous allez entendre un message. Quels objets sont donnés dans le message ? Vous entendez le nom de l'objet ? Cochez OUI. Sinon, cochez NON. Puis vous allez entendre à nouveau le message. Vous pouvez compléter vos réponses.

❶ a. ☐ OUI   b. ☐ NON
❷ a. ☐ OUI   b. ☐ NON
❸ a. ☐ OUI   b. ☐ NON
❹ a. ☐ OUI   b. ☐ NON
❺ a. ☐ OUI   b. ☐ NON

compréhension de l'oral

Exercice 15 (5 points)

Vous allez entendre un message. Quels objets sont donnés dans le message ? Vous entendez le nom de l'objet ? Cochez OUI. Sinon, cochez NON. Puis vous allez entendre à nouveau le message. Vous pouvez compléter vos réponses.

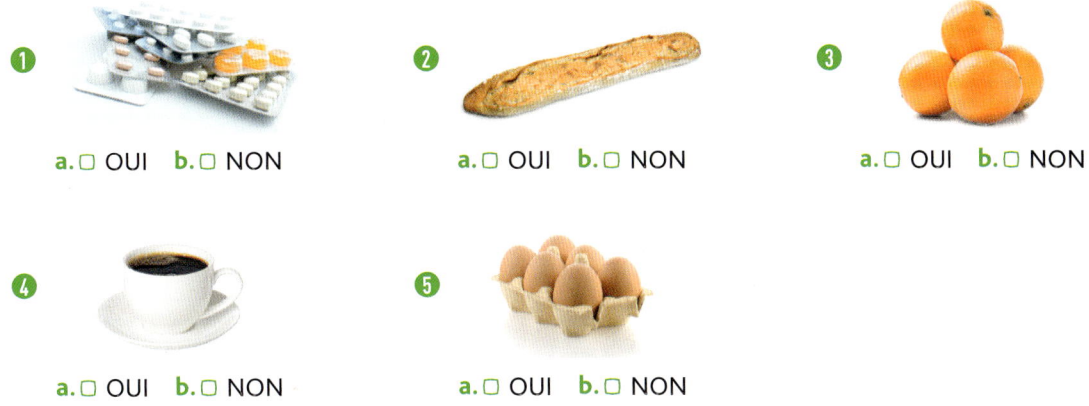

❶ a. ☐ OUI b. ☐ NON

❷ a. ☐ OUI b. ☐ NON

❸ a. ☐ OUI b. ☐ NON

❹ a. ☐ OUI b. ☐ NON

❺ a. ☐ OUI b. ☐ NON

PRÊT POUR L'EXAMEN

❶ Regarder les objets et prononcer leur nom dans sa tête. Par exemple, si l'objet est un livre, dire « livre, BD, histoire, héros, lire, lecture… ».

❷ Pendant la 1ʳᵉ écoute, cocher OUI aux objets entendus. Attendre la 2ᵉ écoute pour vérifier et compléter en cochant NON pour les autres objets.

❸ Cocher 1 réponse pour chaque objet : OUI *ou* NON. 0 point si OUI *et* NON cochés.

CE QUE JE RETIENS

▸ 5 exercices avec 5 thématiques différentes : un message avec des instructions, une annonce avec des informations, un message relatif au travail, des situations dans le milieu scolaire et universitaire, un message avec des objets.

▸ 5 exercices mais 1 seule méthode : d'abord, je lis les questions et j'observe les images ; ensuite, je me concentre pendant les 2 écoutes et j'écris mes réponses ; enfin, je vérifie et note au stylo les réponses définitives.

▸ L'épreuve est chronométrée. Le surveillant indique le début de l'épreuve. Les consignes sont lues. Le temps passe vite ! J'utilise chaque moment pour lire, souligner, écrire, cocher et vérifier.

Prêt pour l'examen !

Communication

- Annoncer
- Commencer un message
- Inviter
- Préciser
- Prendre congé
- Proposer
- Répéter une information
- Suivre des indications

Grammaire

Les articles définis et indéfinis
(le, la, les, un, une, des)
Les verbes en –er
Les verbes *aller, prendre, descendre, payer, acheter*
Le présent
L'impératif

Socioculturel

Dire l'heure

1 h 30
Une heure trente
OU une heure et demie

13 h 30
Treize heure trente

1 h 15
Une heure et quart
OU treize heures quinze

18 h 45
Dix-huit heures quarante-cinq
OU sept heures moins le quart

12 h 00
Midi OU douze heures

00 h 00
Minuit

Vocabulaire

- Achats
- Aliments
- Boissons
- Commerces
- Horaires
- Loisirs
- Météo
- Nombres
- Numéro de train/ de téléphone
- Prix
- Publicité
- Téléphoner
- Vêtements
- Voyage

STRATÉGIES

1. Quand j'écoute, je pose mon stylo et je me concentre.

2. Je repère l'intonation dans les phrases pour trouver les questions.

3. Je repère les différentes voix pour comprendre les rôles de chacun.

4. Je note des chiffres, des dates ou des mots clés sur mon brouillon.

compréhension de l'oral

POUR COMPRENDRE

Annoncer
- Le train va entrer en gare quai numéro 3.
- Le TGV 8967 arrivera dans 5 minutes.
- Le TGV à destination de…

Commencer un message
- Mesdames, messieurs,
- Votre attention s'il vous plaît
- Chers clients,

Inviter
- Tu veux aller à la piscine avec moi ?
- Est-ce que tu es disponible ?
- Je t'invite au restaurant.
- Tu veux venir avec nous au marché ?

Proposer
- Tu peux venir avec Camille.
- Tu es toujours d'accord pour le rendez-vous de 15 heures ?
- On peut aller au cinéma après le travail.

Achats
- Un magasin
- Une promotion spéciale
- Une remise de 15 %
- Le rayon jouets
- Une réduction
- Les soldes
- 75 % (pour cent)

Jour
- Lundi matin
- Mardi après-midi
- Mercredi
- Jeudi
- Vendredi
- Samedi
- Dimanche

Message téléphonique
- Bonjour, Madame Leroi au téléphone.
- Salut, c'est Aïcha.
- Ici le secrétariat de l'université…
- Je vous appelle au sujet de…
- Je ne peux malheureusement pas venir.
- Il nous manque des pièces à votre dossier.
- Pour plus d'information, rappelez-nous au 01 47 12 13 13.
- Merci de nous rapporter une photocopie.
- Appelle-moi sur mon téléphone portable !
- Rendez-vous à 8 heures.

Nombres
- 10 dix
- 20 vingt
- 21 vingt et un
- 30 trente
- 40 quarante
- 50 cinquante
- 60 soixante
- 70 soixante-dix
- 80 quatre-vingts
- 90 quatre-vingt-dix
- 96 quatre-vingt-seize
- 100 cent
- 1000 mille

Poids, mesures, argent
- Des billets
- Des pièces
- Des centimes
- Des euros
- 500 g (cinq cents grammes)
- 2,5 kg (deux kilos cinq/et demi)
- 25° : 25 degrés
- Une bouteille de lait
- Une part de gâteau
- Une tranche de pain
- Un kilo de pommes de terre
- Une barquette de fraises

Voyager
- L'arrivée
- Un avion
- Un bagage
- Un bateau
- Le départ
- La destination
- L'embarquement
- L'enregistrement
- Entrer en gare
- Porte D
- Le prochain arrêt
- En provenance de Lyon
- Le quai 2
- Le terminus
- Un train
- La voie A

Je suis prêt(e) ?

Les 4 questions à se poser

1. Est-ce que j'identifie rapidement la situation ?
2. Est-ce que je sais repérer des chiffres et des objets ?
3. Est-ce que je connais au moins 10 mots dans chaque liste de cette page ?
4. Est-ce que je suis capable de prendre des notes sur mon brouillon ?

Prêt pour l'examen !

À faire

avant l'examen

- ☐ **Réviser le vocabulaire**
  chiffres, heure, téléphoner, voyager, acheter, magasins et nourriture, prendre rendez-vous, vêtements, météo

- ☐ **Réviser la syntaxe**
  l'impératif des verbes *aller, prendre, descendre, payer, acheter*

- ☐ **Identifier cinq situations de la vie quotidienne**
  et lister les mots sur des chiffres, situations, lieux, personnes et événements possibles (au marché, message d'un collègue, à l'aéroport, etc.)

le jour de l'examen

- ☐ Apporter sa pièce d'identité, sa convocation et un stylo noir
- ☐ Respirer et se détendre
- ☐ Se concentrer
- ☐ S'appuyer sur les stratégies développées pendant la préparation
- ☐ Répondre à toutes les questions
- ☐ Si une case est cochée par erreur, cocher et entourer la case de la bonne réponse

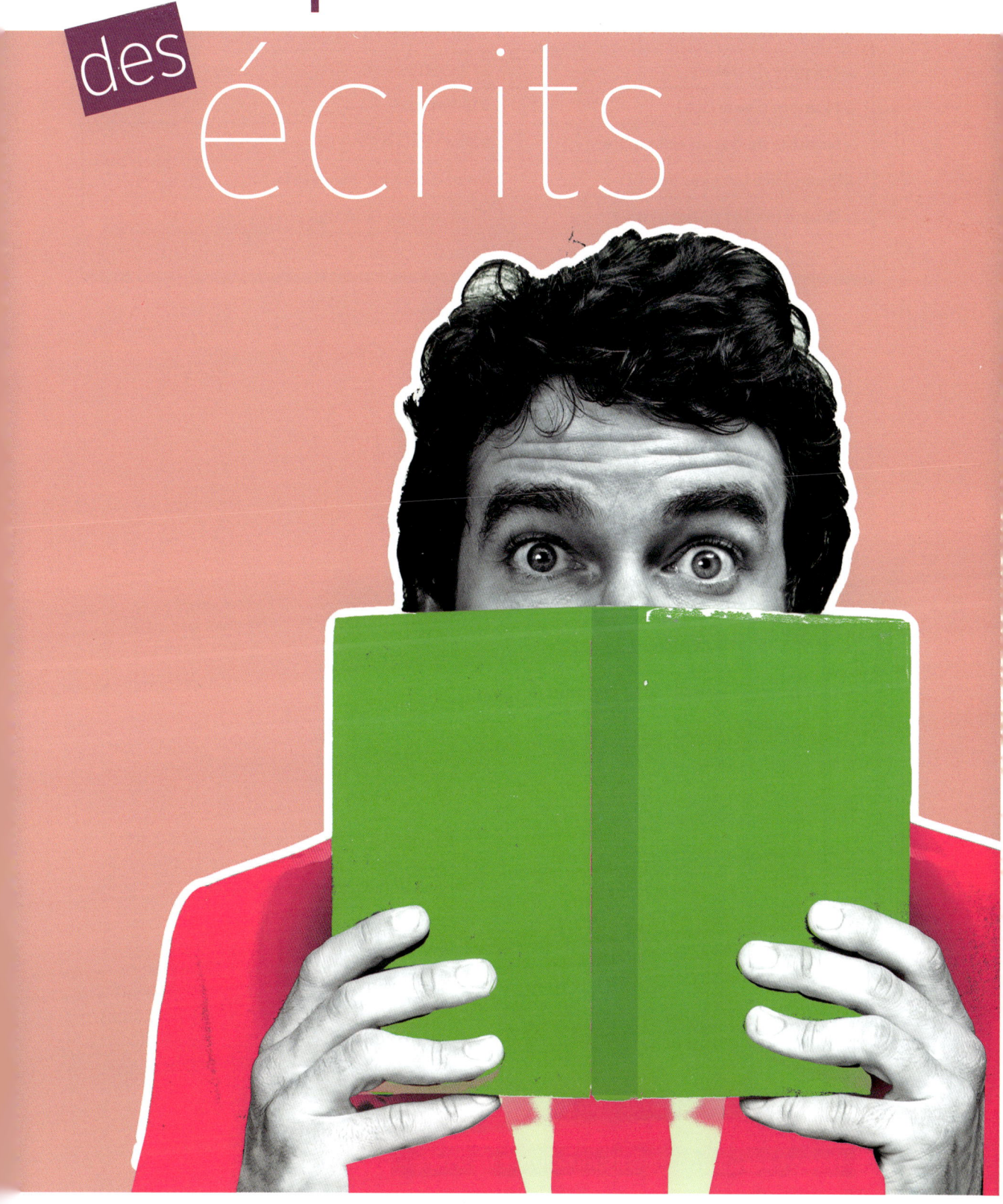

Compréhension des écrits

COMPRENDRE

L'ÉPREUVE

La compréhension des écrits est la deuxième épreuve de l'examen du DELF A1.

■ **Durée totale de l'épreuve**	❯ 30 MINUTES
■ **Nombre de points**	❯ 25 POINTS
■ **Nombre d'exercices**	❯ 4 EXERCICES
■ **Nombre de documents à lire**	❯ 8 DOCUMENTS
■ **Quand lire les questions ?**	❯ Avant de lire les documents
■ **Quand lire les documents ?**	❯ Après avoir lu la consigne et les questions
■ **Quand répondre aux questions ?**	❯ Après avoir tout lu

OBJECTIFS DES EXERCICES

Exercice 1 — Suivre des instructions simples
Exercice 2 — Lire pour s'orienter dans l'espace
Exercice 3 — Lire pour s'orienter dans le temps
Exercice 4 — Lire pour s'informer

LES SAVOIR-FAIRE

Il faut principalement être capable de :

- Identifier la nature du document
- Identifier la fonction du document
- Repérer les mots clés
  - Qui ?
  - À qui ?
  - Quoi ?
  - Quand ?
  - Où ?
  - Comment ?
  - Pourquoi ?
- Comprendre des indications simples
- Trouver des informations importantes mais simples

Chers **Saraly et Abriel**,

Laure fête ses **50 ans** le **17 juin** au **restaurant** *La Petite Arlésienne* à **Montmartre**. Vous venez ?
Réponse souhaitée avant le 1ᵉʳ juin.

Laure et Medhi
l_M@courriel.fr
06.12.01.23.46

compréhension des écrits

LES EXERCICES ET LES DOCUMENTS

	Supports possibles	Type d'exercice	Nombre de points
Exercice 1 Suivre des instructions simples DOMAINE PERSONNEL	▶ lettre, carte postale, courriel, carte d'invitation, mode d'emploi	Un questionnaire (5 questions)	6 points
Exercice 2 Lire pour s'orienter dans l'espace DOMAINE PUBLIC	▶ affiche, publicité, brochure, horaires, prospectus, panneau d'affichage	Un questionnaire (5 questions)	6 points
Exercice 3 Lire pour s'orienter dans le temps DOMAINE PROFESSIONNEL	▶ courrier et courriel professionnel, instructions, mode d'emploi, brochure, programme	Un questionnaire (5 questions)	6 points
Exercice 4 Lire pour s'informer DOMAINE ÉDUCATIONNEL OU PUBLIC	▶ affiche, brochure, programme d'un événement, article de presse	Un questionnaire (5 questions)	7 points

LA CONSIGNE

Dans l'épreuve du DELF A1, il y a une consigne générale pour les quatre exercices.
La consigne générale est la même pour les quatre exercices : *Pour répondre aux questions, cochez la bonne réponse.*
Puis, il y a une consigne pour chacun des quatre exercices. Elle donne la situation de l'activité et ce que vous devez faire.

LES QUESTIONS ET LES RÉPONSES

Les questions sont toujours dans l'ordre du document. Les questions ont le format de questions à choix multiples (QCM) avec 3 choix : il faut cocher la bonne réponse parmi les 3 choix. Il y a 1 seule réponse correcte. Les 3 choix peuvent se présenter sous la forme de phrases, d'images, d'informations chiffrées ou de plans.

CONSEILS

- S'entraîner à :
– observer et identifier les types de document ;
– découvrir le sens général du texte ;
– associer des indices aux mots clés (prix = tarif, €) ;
– repérer des informations de temps, de lieu ;
– trouver sur un plan des indications pour s'orienter.

SE PRÉPARER

1 Suivre des instructions simples

Repérer des informations

Activité 1
Vous trouvez ce message sur la table de la cuisine.

1 - Qui vous écrit ?
☐ Maria.   ☐ Étienne.   ☐ Juliette.

2 - Qu'est-ce que vous faites en fin de journée ?
☐ Vous recevez des amis.
☐ Vous regardez un film.
☐ Vous allez au restaurant.

3 - Étienne et Maria viennent avec quoi ?
☐ Des fleurs.   ☐ Des desserts.   ☐ Des boissons.

4 - On vous écrit pour vous demander quoi ?

> Coucou,
> Étienne et Maria viennent dîner à la maison ce soir à 19 h 30 et ils apportent deux gâteaux. Est-ce que tu peux aller acheter du poisson et des légumes ? Prends aussi du fromage. Attention, aujourd'hui le supermarché ferme à 13 h 30. Moi, je rentre à 15 h 30 et après je commence à préparer les plats. Je pense que nous allons passer une bonne soirée ! Demain soir, on peut aller au cinéma.
>
> À plus tard,
> Juliette

☐ A.   ☐ B.   ☐ C.

5 - À quelle heure Juliette revient ?
☐ À 13 h 30.   ☐ À 15 h 30.   ☐ À 19 h 30.

Activité 2
Vous arrivez dans une auberge et vous voyez ce message à l'entrée.

1 - Pour qui est ce message ?
☐ Les cuisiniers.   ☐ Les voyageurs.   ☐ Les directeurs.

2 - Comment pouvez-vous payer dans l'auberge ?

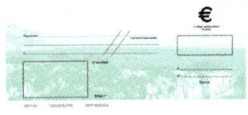      
☐ A.   ☐ B.   ☐ C.

Chers clients,
– Dans l'auberge, vous pouvez payer par carte bancaire, mais nous ne prenons pas les chèques. C'est pareil pour les dollars (il y a un bureau de change à 100 mètres).
– Dans la cuisine, il faut laver vos plats, verres et assiettes.
– Dans les chambres, vous ne devez pas faire de bruit après 21 h.
– Dans la salle de bains, vous devez garder les lieux propres.

Le jour de votre départ, passez à la réception avant 10 h 30.

Rappel : le petit déjeuner est servi de 7 h à 9 h 30.

Bon séjour !
                                    La direction

3 - Où faut-il faire silence le soir ?
☐ Dans la cuisine.   ☐ Dans les chambres.   ☐ Dans la salle de bains.

4 - Qu'est-ce que vous devez faire avant de partir ?
☐ Passer à la réception.   ☐ Ranger votre chambre.   ☐ Laver vos plats, verres et assiettes.

compréhension des écrits

5 - À quelle heure pouvez-vous boire un jus d'orange et manger un croissant ?

☐ A.   ☐ B.   ☐ C.

Activité 3
Vous recevez ce document par erreur.

> Salut Mélanie,
>
> Est-ce que tu passes de belles vacances en Bretagne ? Je suis arrivée lundi dernier à Genève en Suisse. Il fait un temps magnifique. Je me promène dans le centre-ville, je fais du vélo et je lis des livres dans les cafés. Jeudi, je vais visiter Lausanne et dîner dans un restaurant à côté du lac Léman. Je reviens en train à Paris dimanche soir. Téléphone-moi quand tu peux.
>
> Je t'embrasse,
> Ana

Mélanie Lombard
34 rue des chênes
29000 Quimper
France

1 - Qu'est-ce que c'est ?
☐ Un courriel.
☐ Une publicité.
☐ Une carte postale.

2 - Où est Mélanie ?
☐ À Paris.
☐ En Suisse.
☐ En Bretagne.

3 - Qu'est-ce que fait Ana ?

☐ A.   ☐ B.   ☐ C.

4 - Quand Ana rentre en France ?
☐ Lundi.   ☐ Jeudi.   ☐ Dimanche.

5 - Qu'est-ce que doit faire Mélanie ?
☐ Venir.   ☐ Écrire.   ☐ Appeler.

▬ Comprendre une invitation

Activité 4
Vous recevez ce message dans votre boîte aux lettres.

Laurine et Antoine

vous attendent le samedi 30 juillet pour fêter leur bonheur.

Cérémonie civile 14 h 30 • Mairie, 23 rue Auguste Renoir
Vin d'honneur 17 h 30 • Salle des fêtes, 32 rue Émile Zola
Dîner 20 h 00 • Salle des fêtes, 32 rue Émile Zola
Soirée concert 22 h 30 • Salle des fêtes, 32 rue Émile Zola

Pour réserver une chambre, contactez
Marion et Mathieu avant le 25 juin.

Réponse souhaitée avant le 28 mai.
Laurine et Antoine
12, rue de Loire 37100 Tours

SE PRÉPARER

1 - Ce message est une invitation pour quoi ?
☐ Un mariage. ☐ Une naissance. ☐ Un anniversaire.

2 - Qui vous invite ?
☐ Laurine et Antoine. ☐ Marion et Mathieu. ☐ Laurine et Mathieu.

3 - Vous êtes invité quand ?
☐ Le 28 mai. ☐ Le 25 juin. ☐ Le 30 juillet.

4 - Dans combien de lieux différents on vous invite ?
☐ 2. ☐ 3. ☐ 4.

5 - À quelle heure vous pouvez écouter de la musique et danser ?
☐ À 17 h 30. ☐ À 20 h 00. ☐ À 22 h 30.

2 Lire pour s'orienter dans l'espace

— Comprendre des affiches

Activité 5
Vous marchez dans la rue et une personne vous donne ce document.

Des sports et des arts près de chez vous !

Le Centre culturel situé au 14, rue Richard Lenoir vous propose des sports et des arts.
Pour vous inscrire, venez à l'accueil du Centre situé au 55, rue Auguste Comte, avec une photo, un certificat médical et un chèque.

Salsa/tango
24, rue Albert Thomas
Lundi de 10 h à 12 h
Professeur Guerin

Football/rugby
34, rue Joseph Gillet
Mercredi de 14 h à 16 h
Professeur Roussel

Dessin/peinture
15, rue Antoine Lumière
Vendredi de 18 h 30 à 20 h 30
Professeur Germain

Pour toute information **01.34.65.23.55**

1 - On vous propose quoi ?
☐ Des fêtes.
☐ Des cours.
☐ Des vacances.

2 - Où allez-vous pour payer ?
☐ Au 14, rue Richard Lenoir.
☐ Au 24, rue Albert Thomas.
☐ Au 55, rue Auguste Comte.

3 - Qu'est-ce qu'il faut donner pour faire du sport ?

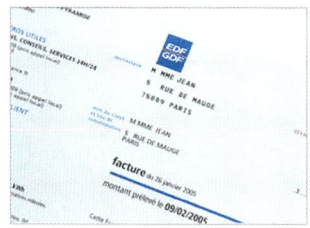

☐ A. ☐ B. ☐ C.

4 - Quelle est l'adresse des cours de danse ?
☐ 14, rue Richard Lenoir. ☐ 24, rue Albert Thomas. ☐ 34, rue Joseph Gillet.

5 - Quand est-ce que vous pouvez jouer avec un ballon ?
☐ Le matin. ☐ L'après-midi. ☐ Le soir.

compréhension des écrits

Activité 6
Vous êtes devant l'entrée principale de la clinique et vous lisez ce message.

1 - Pourquoi l'entrée principale est fermée ?

☐ A.

☐ B.

☐ C.

2 - Par où vous passez pour aller boire un café ?
☐ Par la rue d'Arcole.   ☐ Par la rue de la Cité.
☐ Par le quai de la Corse.

3 - Par où entrez-vous pour acheter des médicaments ?
☐ Par la rue d'Arcole.   ☐ Par la rue de la Cité.
☐ Par le quai de la Corse.

4 - On peut utiliser l'entrée principale à partir de quel jour ?
☐ Jeudi.   ☐ Vendredi.   ☐ Samedi.

5 - Où est l'accueil cette semaine ?
☐ Près du bureau des admissions.
☐ En face du service des urgences.   ☐ À côté de l'entrée de la cafétéria.

Chers visiteurs,

L'entrée principale et le jardin sont fermés cette semaine parce que la clinique loue les lieux à une société de production de cinéma pour faire un film. L'entrée principale ouvre ce week-end.

Pendant ce temps, l'accueil est à côté du bureau des frais de séjour.

Pour aller à la cafétéria (ouverte de 8 h à 18 h), vous devez entrer par la rue d'Arcole. Après, passez par le bureau des admissions et descendez l'escalier.

Pour aller au centre de radiologie (ouvert au public de 9 h à 11 h 30), il faut entrer par la rue de la Cité. Passez devant les urgences et allez dans la galerie A.

Pour aller à la pharmacie (ouverte de 10 h à 18 h), entrez par le quai de la Corse. Après, tournez à droite.

La direction de la clinique

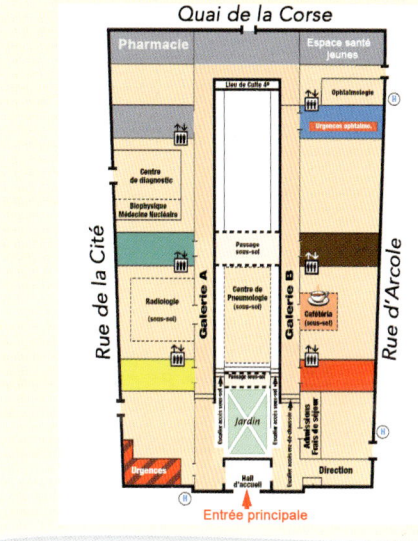

━ Comprendre un itinéraire

Activité 7
Vous êtes devant le bureau de poste et vous lisez ce message sur la porte d'entrée.

1 - Qu'est-ce que ce message vous explique ?
☐ Il y a une grève des agents.
☐ Il y a des travaux à 50 mètres.
☐ Il y a un autre bureau de poste.

2 - Quand le bureau de poste va rouvrir ?
☐ En mai.   ☐ En juin.   ☐ En août.

3 - Où vous devez aller pour envoyer un colis ?
☐ 13, avenue Niel.
☐ 37, rue Fourcroy.
☐ 27, rue des Renaudes.

Madame, Monsieur,

Nous vous informons que la poste du 13, avenue Niel est fermée pour travaux du 1er avril au 31 juillet.

Pendant les travaux, allez à la poste du 27, rue des Renaudes (5 minutes à pied) ouverte de 9 h à 17 h du mardi au vendredi et de 9 h 30 à 12 h 30 le samedi.

À pied : remontez l'avenue Niel et tournez à droite sur la rue Fourcroy. Après, prenez la troisième rue à droite. Le bâtiment est à côté de l'école. À l'entrée, deux agents vous accueillent.

Les agents de la poste

SE PRÉPARER

4 - Qu'est-ce qu'on vous propose ?
☐ De marcher.   ☐ D'aller en voiture.   ☐ De prendre le métro.

5 - Vous voulez aller à la poste pour acheter des timbres. Vous êtes devant la librairie, avenue Niel. Cochez le bon chemin.

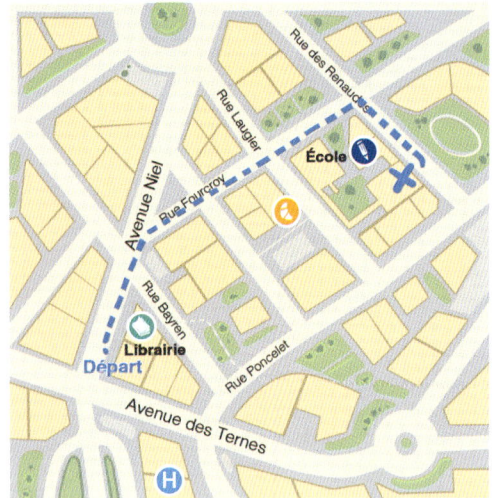

☐ A.

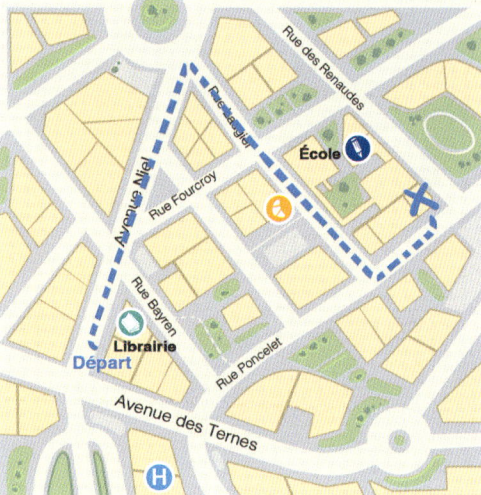

☐ B.

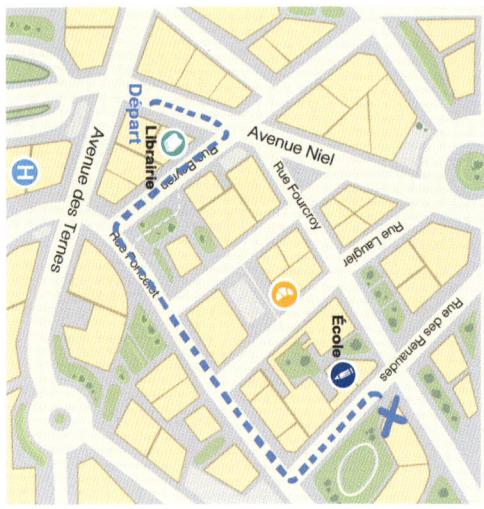

☐ C.

Activité 8

Vous voulez faire du sport.
Un ami vous donne ce document.

1 - Qu'est-ce que c'est ?
☐ Une invitation.
☐ Une inscription.
☐ Une réservation.

2 - À quelle heure pouvez-vous venir ?
☐ À 12 h 15.
☐ À 14 h 30.
☐ À 16 h 45.

Journée portes ouvertes

Notre club de sport situé au 18, rue Léon Gambetta, organise une journée d'accueil le 15 septembre de 13 h à 16 h 30 et nous vous proposons de venir pour avoir des informations sur les sports du club et pour parler avec les professeurs.

Pour venir au club, prenez la ligne 1 du métro et sortez à la station Gambetta. Remontez la rue de Flandre et tournez à gauche rue Mourmant. Après, tournez à droite. Faites 100 mètres et vous arrivez à notre club. Il est en face du commissariat.

Pour toute information : 01.20.54.67.12

compréhension des écrits

3 - On vous propose quoi ?

☐ A. ☐ B. ☐ C.

4 - Le club de sport est devant quoi ?
☐ L'école.   ☐ Le commissariat.   ☐ La station Gambetta.

5 - Vous êtes à la station de métro Gambetta. Quel est le chemin pour aller au club de sport ?

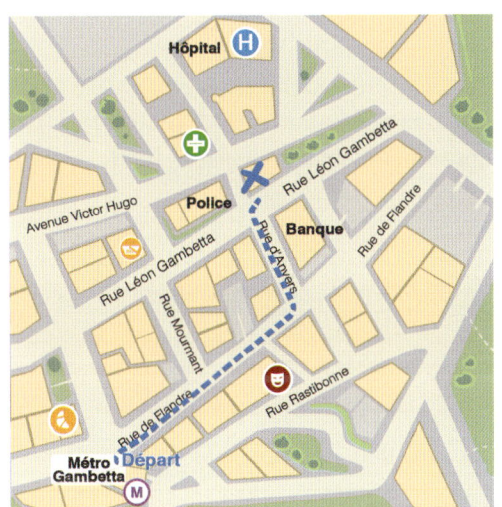

☐ A.

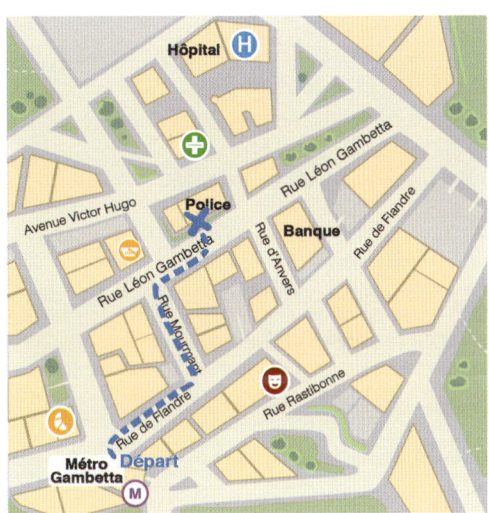

☐ B.

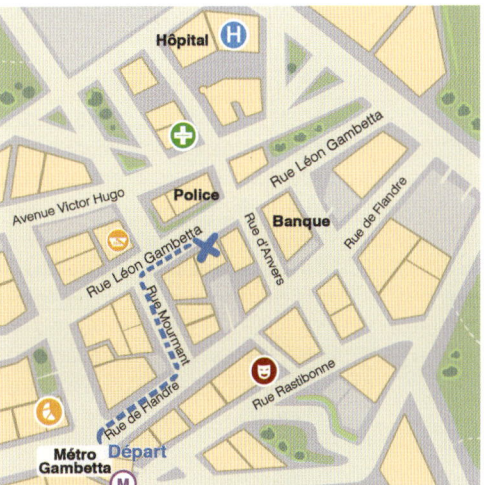

☐ C.

SE PRÉPARER

3 Lire pour s'orienter dans le temps

— Repérer des informations temporelles

Activité 9

C'est votre premier jour dans une entreprise française. Vous lisez ces instructions sur votre bureau.

> **Bienvenue !**
>
> Allumez votre ordinateur et après, regardez votre agenda électronique. Envoyez un message au directeur.
>
> Rendez-vous à 12 h pour manger avec vos collègues. Dans l'entreprise, il y a un restaurant. Il est au centre du jardin. Retrouvez vos collègues à l'entrée de votre bâtiment.
>
> Vos horaires sont les suivants : 8 h 30 – 17 h. Les bureaux sont ouverts de 7 h 30 à 19 h. Le vendredi, tout le monde part à 16 h.

1 - Votre ordinateur est allumé. Qu'est-ce que vous devez faire maintenant ?
☐ Écrire au directeur.
☐ Regarder mon agenda.
☐ Contacter mes collègues.

2 - Où est le restaurant ?
☐ Dans mon bâtiment.
☐ À l'extérieur de l'entreprise.
☐ Dans le jardin de l'entreprise.

3 - Où est le rendez-vous avec vos collègues pour aller manger ?
☐ À l'entrée du restaurant.   ☐ À l'entrée de l'entreprise.   ☐ À l'entrée de mon bâtiment.

4 - Quels sont vos horaires ?
☐ De 7 h 30 à 17 h.   ☐ De 8 h 30 à 16 h.   ☐ De 8 h 30 à 17 h.

5 - À quelle heure est-ce que vous terminez le travail le vendredi ?
☐ À 16 h.   ☐ À 17 h.   ☐ À 19 h.

Activité 10

Vous travaillez dans une grande entreprise. Votre directeur vous donne son emploi du temps de la semaine.

Lundi 12	Mardi 13	Mercredi 14	Jeudi 15	Vendredi 16
10 h - 12 h Réunion d'informations	9 h - 12 h Conférence internationale 12, rue Jean Mermoz	9 h - 11 h 30 Salon commercial au Parc des Expositions	9 h 30 - 10 h 30 Rendez-vous à la banque (Mme Durand) 45, rue Jeanne d'Arc	9 h - 11 h 30 Réunion avec le conseil d'administration
14 h Rendez-vous avec M. Gauthier	14 h - 15 h Rendez-vous avec la comptable (Mme Chevalier)	12 h Restaurant avec un client (M. Perrin)	13 h - 20 h Voyage professionnel – Visite d'un site de production Départ gare du Nord à 14 h 15	14 h Rendez-vous extérieur avec un client (M. Garcia) 34, rue Guillaume Apollinaire
15 h - 16 h Rendez-vous avec un client (M. Dumont)		14 h - 18 h Salon commercial au Parc des Expositions		

1 - Où doit être votre directeur jeudi matin ?
☐ À la banque.   ☐ À la comptabilité.   ☐ À la conférence internationale.

2 - Quand est-ce que votre directeur a un déjeuner ?
☐ Lundi. ☐ Mercredi. ☐ Vendredi.

3 - À quelle heure est-ce que votre directeur doit prendre un train ?
☐ À 10 h 30. ☐ À 13 h. ☐ À 14 h 15.

4 - Quand est-ce que votre directeur a rendez-vous dans l'entreprise avec un client ?
☐ Lundi après-midi. ☐ Mercredi après-midi. ☐ Vendredi après-midi.

5 - Où est le dernier rendez-vous de la semaine ?
☐ 45, rue Jeanne d'Arc. ☐ 12, rue Jean Mermoz. ☐ 34, rue Guillaume Apollinaire.

▬ Comprendre des horaires

Activité 11
Vous travaillez dans un magasin en France. Vous lisez ces messages dans la salle des employés.

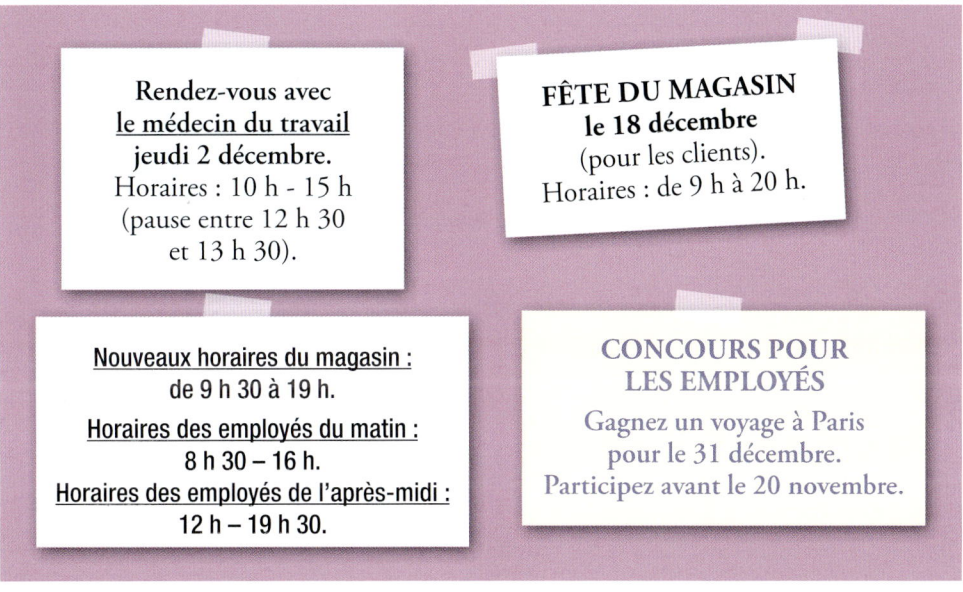

1 - À quelle heure est-ce que vous pouvez voir le médecin ?
☐ À 10 h 30. ☐ À 12 h 30. ☐ À 15 h 30.

2 - Le magasin propose une fête pour les clients quel jour ?
☐ Le 20 novembre. ☐ Le 18 décembre. ☐ Le 31 décembre.

3 - Vous travaillez le matin. Quels sont vos horaires ?
☐ De 8 h 30 à 12 h. ☐ De 8 h 30 à 16 h. ☐ De 9 h 30 à 15 h.

4 - Vous pouvez participer au concours avant quelle date ?
☐ Le 20 novembre. ☐ Le 2 décembre. ☐ Le 31 décembre.

SE PRÉPARER

▬ Comprendre des annonces d'emploi

Activité 12

Vous cherchez un travail en France. Vous lisez ces annonces.

Offre n° 1839
Nous cherchons un cuisinier pour les soirs de la semaine. Restaurant italien.

Offre n° 1679
Vendeur dans une boulangerie. Samedi et dimanche, de 9 h à 18 h.

Offre n° 3045 :
Je cherche un professeur d'espagnol pour mes enfants. Cours tous les mercredis de 14 h à 16 h.

Offre n° 2387
Emploi : secrétaire. Du lundi au vendredi, le matin uniquement. Langue parlée : anglais.

Offre n° 2027
Vendeur dans une épicerie. Du mercredi au samedi, de 14 h à 20 h.

1 - Vous souhaitez travailler le matin. Quelle annonce choisissez-vous ?
☐ Vendeur. ☐ Cuisinier. ☐ Secrétaire.

2 - Quel travail est-ce que vous pouvez faire le week-end ?
☐ Vendeur. ☐ Cuisinier. ☐ Professeur.

3 - Vous voulez travailler le soir. Quelle offre choisissez-vous ?
☐ L'offre n° 1839. ☐ L'offre n° 2027. ☐ L'offre n° 3045.

4 - Vous parlez espagnol. Quel emploi vous correspond ?
☐ Cuisinier. ☐ Secrétaire. ☐ Professeur.

5 - À quelle heure termine le travail à l'épicerie ?
☐ À 16 h. ☐ À 18 h. ☐ À 20 h.

compréhension des écrits

4 Lire pour s'informer

— Repérer plusieurs informations dans un texte court

Activité 13
Vous lisez cet article dans le journal.

Fête des voisins

En France, il y a la fête des voisins dans toutes les villes. C'est un rendez-vous pour connaître ses voisins. La fête se déroule dans la rue. On installe des tables. Dans les immeubles, on organise la fête dans le jardin ou dans le hall. Tous les voisins apportent de la nourriture et des boissons. Chaque année, des millions de Français participent. L'événement existe depuis 1990. En 2025, c'est la 35e édition. C'est toujours un vendredi, à partir de 19 h.

1 - La fête des voisins, c'est quoi ?
☐ Un événement pour fêter le week-end.
☐ Un événement pour connaître ses voisins.
☐ Un événement pour donner de la nourriture aux voisins.

2 - Où est-ce que la fête des voisins a lieu ?

☐ A.

☐ B.

☐ C.

3 - Qui apporte de la nourriture et des boissons ?
☐ Un seul voisin.   ☐ Tous les voisins.   ☐ Les responsables de la ville.

4 - Quand a lieu l'événement ?
☐ Une fois par an.   ☐ Deux fois par an.   ☐ Plusieurs fois par an.

5 - Quel jour de la semaine a lieu l'événement ?
☐ Mardi.   ☐ Vendredi.   ☐ Samedi.

Activité 14
Vous lisez cette affiche à l'entrée de votre université.

Vous voulez apprendre une langue ?

Notre université a un centre de langues. Il est dans le bâtiment de la faculté des lettres. Pour avoir des informations, M. Lefol est au bureau d'accueil du lundi au vendredi. Dans le centre de langues, il y a une bibliothèque et un laboratoire informatique.

Lieux des cours : salles A et B dans le centre de langues pour les cours de russe et d'espagnol ; salles E et F dans le bâtiment d'histoire pour les cours de français et d'anglais.

Pour vous inscrire, prenez votre carte d'étudiant.

1 - Où est le centre de langues ?
☐ Dans la bibliothèque de l'université.
☐ Dans le bâtiment de la faculté d'histoire.
☐ Dans le bâtiment de la faculté des lettres.

2 - Qui est M. Lefol ?
☐ Un étudiant du centre de langues.
☐ Un professeur au centre de langues.
☐ Un employé à l'accueil du centre de langues.

SE PRÉPARER

3 - Où est-ce que les cours d'espagnol ont lieu ?
☐ Dans le laboratoire informatique.
☐ Dans le bâtiment de la faculté d'histoire.
☐ Dans le bâtiment de la faculté des lettres.

4 - Où est-ce que les cours de français ont lieu ?
☐ Dans le laboratoire informatique.
☐ Dans le bâtiment de la faculté d'histoire.
☐ Dans le bâtiment de la faculté des lettres.

5 - Qu'est-ce que vous devez apporter pour votre inscription ?

☐ A.   ☐ B.   ☐ C.

Activité 15

Vous êtes à l'université. Vous lisez ce document sur le tableau d'affichage.

1 - Qui peut aller aux soirées du mardi ?
☐ Les étudiants et leurs amis.
☐ Les étudiants de l'université.
☐ Les étudiants et les professeurs.

2 - Comment est-ce que vous pouvez aller à la soirée sport ?
☐ En bus.
☐ En train.
☐ En métro.

3 - Où est-ce que vous devez aller pour parler de livres ?
☐ 25, rue Jules Verne.
☐ 54, rue Aristide Briand.
☐ 5, rue Antoine Lavoisier.

Les soirées du mardi
Venez aux soirées des mardis : des rendez-vous pour les étudiants. À partir de 19 h 30.

1er mardi : soirée sport.
Venez parler de football, de rugby, de tennis…
Café de la Gare —
54, rue Aristide Briand
En métro : ligne 5, le café est en face de la station Gare.

2e mardi : soirée lecture
pour parler de vos livres préférés.
Café de l'Université —
5, rue Antoine Lavoisier
Arrêt de bus Université

3e mardi : soirée cinéma.
Venez regarder une comédie ou un drame.
Cinéma Mademoiselle —
67, rue Hector Berlioz
En métro : ligne 6, arrêt Théâtre.

4e mardi : soirée voyage.
Chaque mardi, des étudiants parlent de leur pays préféré.
Maison des étudiants —
25, rue Jules Verne
Arrêt de bus Université

4 - Quand est-ce que vous pouvez regarder un film ?
☐ Le 2e mardi.   ☐ Le 3e mardi.   ☐ Le 4e mardi.

5 - Où est-ce que vous devez aller pour parler de vos voyages ?
☐ Au café de la Gare.   ☐ Au café de l'université.   ☐ À la maison des étudiants.

compréhension des écrits

Activité 16

Vous lisez cet article sur Internet.

La Samaritaine Paris

La Samaritaine est un grand magasin à Paris. Il se trouve entre la rue de Rivoli et la Seine. Il existe depuis 1870. En 2005, le magasin ferme. Le directeur fait des travaux pendant 16 ans. Et en 2021, La Samaritaine ouvre enfin ses portes. Vous pouvez acheter des vêtements, des accessoires, des parfums, etc. Vous pouvez aussi manger : il y a 12 restaurants. Si vous ne voulez pas acheter, vous pouvez visiter le bâtiment. Il y a un grand escalier au centre, des petites statues et des décorations.

1 - Qu'est-ce que c'est, La Samaritaine ?
☐ Un musée.   ☐ Un magasin.   ☐ Un centre commercial.

2 - La Samaritaine existe depuis quelle année ?
☐ 1870.   ☐ 2005.   ☐ 2021.

3 - En quelle année La Samaritaine ferme ses portes ?
☐ 1870.   ☐ 2005.   ☐ 2021.

4 - Qu'est-ce que vous pouvez aussi faire à La Samaritaine ?
☐ Aller au restaurant.   ☐ Visiter la rue de Rivoli.   ☐ Parler avec le directeur.

5 - Qu'est-ce que vous pouvez voir au centre du bâtiment ?

☐ A.   ☐ B.   ☐ C.

S'ENTRAÎNER

1 Suivre des instructions simples

Exercice 1

Vous recevez ce message.

▶ Lisez d'abord les questions avant de lire le document. Cette lecture des questions permet de prendre connaissance des informations à rechercher dans le document.

> Salut les amis !
> Je vous invite les 11 et 12 mai dans ma maison de campagne.
> Voici le programme : samedi, nous déjeunons avec Émilie près d'un lac et après nous nous promenons. Dimanche, nous visitons un château et nous mangeons le soir avec Clément au restaurant. Vous pouvez arriver vendredi soir. La gare est à côté. Quand vous arrivez, vous m'appelez et je viens vous chercher en voiture. Prenez des pulls parce que le soir il fait 10 degrés. J'attends votre réponse.
> À bientôt,
> Christophe

6 points

Répondez aux questions.

1 - Qui vous écrit ce message ? **1 point**
a. ☐ Émilie.   b. ☐ Clément.   c. ☑ Christophe.

▶ On vous demande de trouver qui vous invite.

2 - Où est-ce que vous allez samedi ? **1,5 point**

a. ☑

b. ☐

c. ☐

▶ On vous demande de trouver et de reconnaître un lieu. Dans le message, il y a la phrase « samedi... près d'un lac ». À vous de trouver l'image.

3 - Quand est-ce que vous dînez à l'extérieur ? **1 point**
a. ☐ Vendredi.   b. ☐ Samedi.   c. ☑ Dimanche.

▶ Vous devez trouver le jour du dîner. Dans le message, il y a les mots « manger le soir au restaurant ». Retrouvez ces mots.

4 - Comment est-ce que Christophe va aller à la gare ? **1,5 point**

a. ☐

b. ☐

c. ☑

▶ Repérez les transports mentionnés dans le document. Ici, il faut associer le transport à Christophe. Dans le texte, on trouve « je viens vous chercher en voiture. »

compréhension des écrits

5 - Quelle est la température le soir ? `1 point`
a. ☑ 10 degrés.   b. ☐ 11 degrés.   c. ☐ 12 degrés.

▶ La question porte sur une information chiffrée (température). Cherchez les chiffres dans le document. Pour dire une température, on utilise « degrés ».

PRÊT POUR L'EXAMEN

❶ Repérer les mots clés du message pendant la première lecture. Ce sont les mots importants pour comprendre l'idée générale du document.
❷ Chercher dans le message les réponses à ces questions : Qui ? À qui ? Quoi ? Où ? Quand ? Comment ? Pourquoi ?
❸ Identifier la relation entre celui qui écrit (qui ?) et le destinataire (à qui ?)
❹ Relire le message une deuxième fois et vérifier ses réponses.

Exercice 2 `6 points`

Vous lisez ce message.

> Salut !
> Je t'invite, pour mes 25 ans, à venir samedi midi au restaurant au 15, rue Louis Pasteur. L'après-midi à 14 h, nous prenons la voiture et nous allons nous promener dans la forêt et les champs. Dimanche soir, je fais une fête dans mon appartement à 20 h et tu es aussi invité. J'habite au 18, rue Jean Moulin à côté de la station de métro Vauban. Tu peux venir avec ton ordinateur pour la musique ? Donne-moi une réponse avant vendredi pour le déjeuner.
> À samedi,
> Pascal

Répondez aux questions.

1 - On vous invite à quoi ? `1 point`
a. ☐ À un dîner.   b. ☐ À un mariage.   c. ☐ À un anniversaire.

2 - Quelle est l'activité de samedi après-midi ? `1,5 point`

a. ☐    b. ☐    c. ☐

3 - Quand Pascal vous invite chez lui ? `1 point`
a. ☐ Vendredi.   b. ☐ Samedi.   c. ☐ Dimanche.

4 - Quelle est l'adresse de la soirée chez Pascal ? `1 point`
a. ☐ 20, rue Vauban.   b. ☐ 18, rue Jean Moulin.   c. ☐ 15, rue Louis Pasteur.

5 - Vous devez venir avec quoi ? `1,5 point`

a. ☐    b. ☐    c. ☐

S'ENTRAÎNER

Exercice 3 [6 points]

Vous lisez ce message sur le réfrigérateur.

> Salut !
> Aujourd'hui, je suis au bureau toute la journée. Est-ce que tu peux aller à l'ambassade pour prendre les visas ? Ils sont prêts. Voici l'adresse : 23, rue Antoine de Saint-Exupéry. Il faut passer au bureau n° 5 avec les passeports. C'est ouvert de 9 h à 12 h.
> Peux-tu aussi aller à la poste pour envoyer un colis ? La poste de l'avenue Claude Debussy est ouverte de 13 h 30 à 17 h 30. Le paquet est sur la table. Finalement, Clara est d'accord pour garder le chien pendant 2 semaines. Tu peux passer chez elle à 19 h pour lui donner l'animal ? Elle habite au 34, boulevard Paul Cézanne.
> Moi, j'achète les billets d'avion et je réserve l'hôtel.
> À plus tard,
> Alex

Répondez aux questions.

1 - Quel document est-ce que vous devez prendre à l'ambassade ? [1,5 point]

 a. ☐   b. ☐    c. ☐

2 - Quels sont les horaires d'ouverture de l'ambassade ? [1 point]
a. ☐ De 9 h à 12 h.   b. ☐ De 13 h 30 à 17 h 30.   c. ☐ De 9 h à 19 h.

3 - Qu'est-ce que vous devez envoyer à la poste ? [1,5 point]

 a. ☐   b. ☐    c. ☐

4 - Pourquoi est-ce que vous devez aller chez Clara ? [1 point]
a. ☐ Pour donner le chien à Clara.
b. ☐ Pour garder le chien de Clara.
c. ☐ Pour prendre le chien de Clara.

5 - Où est-ce que Clara habite ? [1 point]
a. ☐ Avenue Claude Debussy.
b. ☐ Boulevard Paul Cézanne.
c. ☐ Rue Antoine de Saint-Exupéry.

compréhension des écrits

2 Lire pour s'orienter dans l'espace

Exercice 4 — 6 points

Vous habitez en France. Vous lisez cette affiche. Répondez aux questions.

LES MARCHÉS DE VOTRE VILLE

Nous vous invitons à venir acheter vos fruits, vos légumes et autres produits dans les marchés de votre ville.

- **Le marché Saint-Marceau**
Le vendredi de 14 h à 17 h 30
Achetez des fruits, des légumes, de la viande, du pain, des boissons et des fleurs.
Lieu : Place du Capitaine

- **Le marché Royal**
Le samedi de 18 h à 22 h
Achetez des fruits, des légumes, des œufs, de la viande, du poisson, des livres et des journaux.
Lieu : Place de la Résistance
Pour l'entrée du marché, prenez la rue Clovis et allez tout droit. Prenez la petite rue à droite puis la première rue à gauche. Vous arrivez sur la place.

- **Le marché des Quais**
Le dimanche de 7 h à 12 h
Achetez des fruits, des légumes, de la viande, du poisson, des meubles et des vêtements.
Lieu : Quai du Château

1 - Où est-ce que vous allez pour acheter une chemise ? — 1 point
a. ☑ Quai du Château.
b. ☐ Place du Capitaine.
c. ☐ Place de la Résistance.

▶ On vous demande de trouver l'adresse d'un marché. Où peut-on acheter des vêtements ? Cherchez cette information dans le document.

2 - À quelle adresse vous allez pour acheter un bouquet de roses ? — 1 point
a. ☐ Quai du Château.
b. ☑ Place du Capitaine.
c. ☐ Place de la Résistance.

▶ On vous demande de trouver un lieu. Où peut-on acheter des fleurs ?

3 - Vous êtes libre l'après-midi pendant la semaine. Vous allez... — 1 point
a. ☐ au marché Royal. b. ☐ au marché des Quais. c. ☑ au marché Saint-Marceau.

▶ Pour trouver ce lieu, vous devez comprendre des informations de temps (l'heure et les moments de la journée). Regardez les horaires d'ouverture des marchés et trouvez le marché qui est ouvert l'après-midi.

4 - Vous êtes à la gare. Quel est le chemin pour aller à l'entrée du marché Royal ? — 2 points

a. ☑

b. ☐

S'ENTRAÎNER

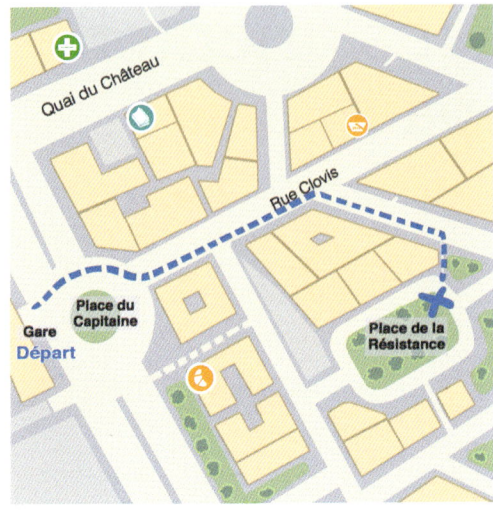

c. ☐

▶ Lisez l'itinéraire dans le document. Vous pouvez écrire sur les plans en suivant l'itinéraire afin de trouver le bon chemin. Ensuite, vous cochez.

5 - Quand est-ce que vous pouvez acheter une chaise ? **1 point**
a. ☐ Le vendredi de 14 h à 17 h 30.   b. ☐ Le samedi de 18 h à 22 h.   c. ☑ Le dimanche de 7 h à 12 h.

▶ On vous demande de trouver une information de temps. Vous devez repérer et comprendre des horaires. Retrouvez le marché qui vend des meubles.

Exercice 5   **6 points**

Vous habitez en France. Vous recevez ce document dans votre boîte à lettres.

Promenade à vélo

Nous vous proposons de vous promener à vélo tous les dimanches. La promenade est gratuite et il ne faut pas s'inscrire.

Le rendez-vous est à 10 h 30 place de la Libération devant la mairie, le départ est à 11 h et le retour vers 13 h.

D'abord, nous remontons la rue de la Liberté. Après, nous prenons la deuxième rue à droite et nous allons tout droit pour sortir du centre-ville.

Pour plus d'informations, envoyez un mail à promenade.vélo@villeverte.fr

Répondez aux questions.

1 - Pour faire la promenade, vous devez... **1 point**
a. ☐ aller vous inscrire.   b. ☐ envoyer un courriel.   c. ☐ venir au rendez-vous.

2 - Combien vous payez ? **1 point**
a. ☐ 0 €.   b. ☐ 11 €.   c. ☐ 13 €.

3 - Où est le lieu de rendez-vous ? **1 point**
a. ☐ Rue du Bourg.   b. ☐ Rue de la Liberté.   c. ☐ Place de la Libération.

4 - À quelle heure la promenade commence ? **1 point**
a. ☐ À 10 h 30.   b. ☐ À 11 h.   c. ☐ À 13 h.

compréhension des écrits

5 - Les vélos prennent quel chemin pour sortir du centre-ville ?   **2 points**

a. ☐

b. ☐

c. ☐

Exercice 6   **6 points**

Vous lisez cette publicité.

Goûts de Provence

17, rue du 4 septembre • Aix-en-Provence • 04.42.56.34.65

Notre restaurant vous accueille du mardi au samedi sur réservation.

Formule simple :
entrée + plat ou plat + dessert   **18€**

Formule classique :
entrée + plat + boisson   **22€**

Formule complète :
entrée + plat + dessert   **25€**

Entrée
Œufs mimosa
Assiette de crudités
Salade d'avocats
Plat
Bœuf aux poivrons
Agneau aux champignons
Poulet et pommes de terre
Dessert
Gâteau au chocolat
Glace à la vanille
Salade de fruits

Pour venir de la Fontaine de la Rotonde (10 min de marche) : quand vous êtes sur l'avenue Victor Hugo, prenez la première rue à gauche. Allez tout droit puis prenez la troisième rue à droite. Nous sommes à une dizaine de mètres sur la droite.

S'ENTRAÎNER

Répondez aux questions.

1 - Quel jour est-ce que vous pouvez dîner au restaurant ? `1 point`
a. ☐ Le lundi.   **b.** ☐ Le vendredi.   **c.** ☐ Le dimanche.

2 - Vous voulez goûter les œufs et la glace. Vous prenez la formule… `1 point`
a. ☐ simple.   **b.** ☐ classique.   **c.** ☐ complète.

3 - Qu'est-ce que vous pouvez manger dans ce restaurant ? `1 point`
a. ☐ Des pâtes.   **b.** ☐ Du poisson.   **c.** ☐ De la viande.

4 - On vous donne des explications pour venir… `1 point`
a. ☐ à pied.   **b.** ☐ en bus.   **c.** ☐ en métro.

5 - Quel est le chemin pour aller au restaurant depuis la fontaine de la Rotonde ? `2 points`

a. ☐

b. ☐

c. ☐

compréhension des écrits

3 Lire pour s'orienter dans le temps

Exercice 7 *(6 points)*

Vous habitez en France et vous cherchez un travail. Vous lisez ces annonces.

▶ Dans cet exercice, il y a 5 courts documents. Lisez attentivement les informations avec des chiffres et les informations sur les jours. Vous pouvez souligner les chiffres et les jours pour les repérer plus facilement.

Le bar **Viva Italia** recherche un musicien. Tous les soirs de la semaine. Appelez Julien au 01 93 15 33 89.

L'école WELCOME cherche un professeur de français. Cours tous les lundis et mercredis à partir de 9 h. 01 93 75 34 03.

Vous parlez anglais ? Écrivez-moi à annonce3765@travail.fr. C'est pour parler avec mes enfants. Tous les samedis à 11 h. Merci ! Thomas.

L'hôpital Pont-Neuf recherche des médecins. Uniquement pour le week-end. Téléphone : 01 93 01 45 28.

Recherche mécanicien. 7 heures par jour, du lundi au vendredi. Contactez Sophie : annonce3127@travail.fr

---

Répondez aux questions.

1 - À quelle heure est-ce que le cours d'anglais commence ? *(1,5 point)*
a. ☐ À 7 h.   b. ☐ À 9 h.   c. ☑ À 11 h.

2 - Quel est le travail pour le samedi et le dimanche ? *(1 point)*
a. ☑ Médecin.   b. ☐ Musicien.   c. ☐ Mécanicien.

▶ La question porte sur des jours, samedi et dimanche. Cherchez ces jours dans les documents. Une autre expression peut être utilisée : dans l'annonce pour les médecins, c'est l'expression « week-end » (= samedi et dimanche).

3 - Vous jouez de la guitare. Quel numéro est-ce que vous appelez ? *(1,5 point)*
a. ☐ 01 93 01 45 28.   b. ☑ 01 93 15 33 89.   c. ☐ 01 93 75 34 03. .

▶ Il faut relier le numéro de téléphone à l'annonce correspondante. « Jouer de la guitare » est utilisé pour le travail « musicien ».

4 - Où est-ce que Sophie travaille ? *(1 point)*
a. ☐ Dans une école.   b. ☑ Dans un garage.   c. ☐ Dans un hôpital.

▶ Les mots utilisés dans les questions peuvent être différents des mots utilisés dans les documents. Pour « école », on peut penser au travail « professeur ». Pour « hôpital », le travail correspondant est « médecin ». Et pour « garage », c'est le travail « mécanicien ».

5 - Quelle langue est-ce que vous devez parler pour travailler à l'école Welcome ? *(1 point)*
a. ☐ Italien.   b. ☐ Anglais.   c. ☑ Français.

▶ Dans les documents, vous trouvez les mots « français », « anglais » et le nom « Viva Italia ». « Viva

S'ENTRAÎNER

Italia » est le nom du bar, ce n'est pas une langue. Vous devez regarder l'élément auquel est rattaché le mot « anglais » (= pour parler avec les enfants de Thomas) et le mot « français » (= pour être professeur dans l'école Welcome).

Exercice 8 (6 points)

Vous lisez ces informations à l'entrée de votre lieu de travail en France.

Répondez aux questions.

1 - À quelle heure est-ce que vous pouvez prendre votre carte de travail ? *(1,5 point)*
a. ☐ À 9 h.   b. ☐ À 11 h.   c. ☐ À 13 h.

2 - Où est-ce que vous devez aller pour voir la secrétaire du directeur ? *(1 point)*
a. ☐ Au bureau 101.
b. ☐ Au bureau 102.
c. ☐ Au bureau 201.

3 - Quels jours est-ce que vous pouvez demander un rendez-vous médical ? *(1 point)*
a. ☐ Mardi et jeudi.
b. ☐ Lundi, mercredi et vendredi.
c. ☐ Tous les jours de la semaine.

4 - À quel étage est-ce vous pouvez boire une boisson ? *(1,5 point)*
a. ☐ Au 1er étage.   b. ☐ Au 2e étage.   c. ☐ Au 4e étage.

5 - Quand est-ce que vous pouvez aller à la salle de sport ? *(1 point)*
a. ☐ Le matin.   b. ☐ L'après-midi.   c. ☐ Le soir.

La **salle de sport** est ouverte tous les jours de 6 h à 11 h. Rendez-vous au 2e étage.

Votre **espace café** est au 4e étage. Retrouvez des tables et des chaises pour manger.

Les **cartes professionnelles** sont disponibles au bureau 201. Passez entre 10 h et 12 h.

Bureau 101 : nouveau bureau du directeur au 1er étage. Sa secrétaire est dans le bureau 102.

Jours de présence du médecin : lundi, mercredi et vendredi. Écrire à medecin@rdv.fr.

Exercice 9 (6 points)

Vous habitez en France et vous cherchez un travail.

Recherche employé de pharmacie.
20 heures minimum par semaine, entre 8 h et 15 h.
Contacter Pierre (pierre@travail.fr).

Cherche **vendeur en librairie**.
Contrat pour le week-end de 10 h à 18 h.
Téléphonez au 01 45 00 65 32.

Ouverture du cinéma 3000 dans une semaine.
Nous recherchons des employés pour un contrat d'1 mois.
3000@travail.fr.

Recherche **serveur**
1 soir par semaine (mercredi, vendredi ou samedi).
Contactez André avant 12 h 30 au 06 72 00 98 21.

Vous voulez travailler à l'accueil de l'université le lundi et le mercredi ?

Appelez Mme Fontaine avant vendredi au 01 45 55 21 49.

compréhension des écrits

Répondez aux questions.

1 - Quand est-ce que le cinéma ouvre ? *(1 point)*
a. ☐ Demain.   b. ☐ Dans une semaine.   c. ☐ Dans un mois.

2 - Quand est-ce que vous pouvez appeler André ? *(1 point)*
a. ☐ Le matin.   b. ☐ L'après-midi.   c. ☐ Le soir.

3 - Quand est-ce que vous pouvez vendre des livres ? *(1 point)*
a. ☐ Du lundi au vendredi.   b. ☐ Le samedi et le dimanche.   c. ☐ Du lundi au dimanche.

4 - Pour accueillir les étudiants, la personne va travailler… *(1,5 point)*
a. ☐ 1 jour par semaine.   b. ☐ 2 jours par semaine.   c. ☐ 4 jours par semaine.

5 - Dans la pharmacie, combien d'heures par semaine est-ce que vous pouvez travailler ? *(1,5 point)*
a. ☐ 8 heures.   b. ☐ 15 heures.   c. ☐ 20 heures.

4 Lire pour s'informer

Exercice 10 *(7 points)*

Vous lisez cette affiche dans votre université en France.

▸ Vous pouvez lire d'abord les questions. La lecture des questions permet de repérer les informations essentielles du document. Ensuite, lisez le document.

CENTRE DE LANGUES

Venez visiter le nouveau centre de langues de l'université.

Il est ouvert depuis le 1er septembre.
Le centre est au 1er étage du bâtiment 2 dans le centre-ville.

Les cours commencent le 15 septembre.
Horaires : de 7 h 30 à 9 h 30 et de 10 h à 11 h 30.

Fête d'inauguration le 20 septembre avec le président de l'université.
Les professeurs étrangers vont parler de leur pays et de leur culture.
Les étudiants sont les bienvenus.
Boissons et gâteaux pour tout le monde !

Cadeaux : des livres pour les premiers inscrits.

Répondez aux questions.

1 - Quelle est la date d'ouverture du centre de langues ? *(1 point)*
a. ☑ 1er septembre.
b. ☐ 15 septembre.
c. ☐ 20 septembre.

▸ Les 3 dates sont présentes dans le texte. Lisez attentivement les phrases avec les 3 dates. La « date d'ouverture » est une expression pour dire « ouvert depuis ».

2 - Où est le centre de langues ? *(1,5 point)*
a. ☐ Au centre de l'université.
b. ☐ Au 1er étage de la mairie de la ville.
c. ☑ À l'étage du bâtiment du centre-ville.

▸ Lisez plusieurs fois les propositions pour bien comprendre. Il faut être attentif car des mots de chaque proposition sont dans le texte (« centre », « université », « 1er étage », « bâtiment », « centre-ville »).

3 - Quand est-ce que vous pouvez aller aux cours ? *(1 point)*
a. ☑ Le matin.   b. ☐ Le midi.   c. ☐ Le soir.

4 - Qu'est-ce que les professeurs vont faire à l'inauguration ? *(1,5 point)*
a. ☑ Présenter leur pays.   b. ☐ Donner un cours de langue.   c. ☐ Apporter un plat traditionnel.

S'ENTRAÎNER

5 - Qu'est-ce que vous pouvez avoir à votre inscription ? `2 points`

 a. ☐  b. ☑  c. ☐

▸ Après avoir répondu aux questions, lisez une nouvelle fois le document en entier et vérifiez vos réponses.

Exercice 11 `7 points`

Vous habitez en France. Vous lisez cet article dans le journal.

LES FRANÇAIS AIMENT LA TÉLÉVISION

Dans les maisons, vous trouvez en moyenne deux télévisions. La grande télévision se trouve dans la salle à manger. C'est l'endroit où toute la famille mange en regardant le journal télévisé.

Le soir, les Français regardent des séries. Le dimanche soir, il y a une tradition : regarder un film. C'est le dernier moment de détente du week-end avant le lundi.

Les jeunes ne regardent plus beaucoup la télévision. Ils préfèrent utiliser leur téléphone portable ou leur tablette pour regarder leur série sur une plateforme en ligne. Les adultes restent dans leur canapé avec le chien sur les genoux.

Répondez aux questions.

1 - Combien de télévisions est-ce qu'il y a dans les maisons en France ? `1 point`
a. ☐ 1.   b. ☐ 2.   c. ☐ 3.

2 - Dans quelle pièce est-ce que les Français mangent devant la télévision ? `1,5 point`
a. ☐ Le salon.   b. ☐ La cuisine.   c. ☐ La salle à manger.

3 - Quand est-ce que les Français aiment regarder un film ? `1,5 point`
a. ☐ Le lundi soir.   b. ☐ Le dimanche soir.   c. ☐ Tous les soirs.

4 - Les jeunes préfèrent voir leur série sur… `1 point`
a. ☐ un téléphone portable.   b. ☐ un ordinateur portable.   c. ☐ une télévision portable.

5 - Comment est-ce que les Français s'installent devant la télévision ? `2 points`

a. ☐   b. ☐   c. ☐

compréhension des écrits

Exercice 12 (7 points)

Vous êtes à l'université en France. Vous lisez ces instructions du professeur.

> **Bienvenue au cours de géographie !**
>
> Je suis le professeur Martin. Pendant le 1er mois du cours, nous étudions l'Europe. Pour le 2e mois, c'est l'Asie. Et le 3e mois, c'est l'Afrique. Les Amériques, c'est pour l'année prochaine.
>
> Pour le cours, il faut du matériel. Je veux des stylos et des feutres. Avec le feutre rouge, on va dessiner des frontières et le feutre bleu, c'est pour les mers et les fleuves. Le stylo bleu sert à écrire les villes et le stylo rouge les capitales. N'oubliez pas d'apporter un cahier pour écrire les cours et coller les feuilles !

Répondez aux questions.

1 - Quand est-ce que vous étudiez la géographie de l'Afrique ? (1 point)
a. ☐ Le 1er mois.   **b.** ☐ Le 2e mois.   **c.** ☐ Le 3e mois.

2 - Quel continent est au programme de la 2e année ? (1,5 point)
a. ☐ L'Asie.   **b.** ☐ L'Europe.   **c.** ☐ Les Amériques.

3 - Qu'est-ce que vous allez dessiner avec le feutre bleu ? (1 point)
a. ☐ Des villes.   **b.** ☐ Des fleuves.   **c.** ☐ Des frontières.

4 - À quoi sert le stylo rouge ? (1,5 point)
a. ☐ À écrire le nom des pays.
b. ☐ À écrire le nom des villes.
c. ☐ À écrire le nom des capitales.

5 - Qu'est-ce que vous devez prendre ? (2 points)

a. ☐    **b.** ☐    **c.** ☐

Prêt pour l'examen !

Communication

- Annoncer
- Commencer un message
- Demander de faire quelque chose
- Informer
- Interdire
- Inviter
- Préciser
- Prendre congé
- Proposer
- Remercier
- S'excuser
- Suivre un itinéraire

Grammaire

Les connecteurs logiques :
mais, pour, et, alors, parce que

Les prépositions de lieu

Les prépositions de temps

Le présent de l'indicatif
des verbes *être, avoir, aller, faire, prendre, connaître, savoir, devoir, falloir, pouvoir, vouloir*… et les verbes *aimer, arriver, chercher, demander, donner, habiter, parler, trouver*

L'impératif négatif

Vocabulaire

- Calendrier
- Horaires
- Vie privée
- Vie publique
- Vie professionnelle
- Éducation et formation

Socioculturel

▸ **Pour identifier un message informel et formel :**

Message informel : je repère les mots « Salut ! », « Coucou ! », « À bientôt ! », « À demain ! », « À plus tard », « Bises », « Je t'embrasse »,…

Message formel : je repère les mots « Monsieur », « Madame », « Sincères salutations », « Cordialement », « Bonne journée »

▸ **Sur un plan, en France :**
r. = rue
bd = boulevard
av. = avenue

 STRATÉGIES

1. Avant de lire un texte, je commence par observer sa forme et lire son titre pour préparer le contexte.

2. Je souligne les chiffres, les dates et les mots clés.

3. Pour mémoriser un mot, je l'écris dans un exemple facile à retenir ou je l'associe à un geste ou à un mouvement du corps.

compréhension des écrits

POUR COMPRENDRE

Demander de faire quelque chose
- Passe au marché et achète des légumes.
- Merci de m'envoyer ces documents par courriel.
- Je vous demande de passer demain.
- Il faut apporter les trois dernières fiches de paie.

Informer
- Il y a un concert le 10 juin à 20 h devant l'Hôtel de Ville.

Suivre un itinéraire
- Prends la première à gauche.
- Continue tout droit.
- Puis prends la deuxième à droite.

Inviter
- Je t'invite à mon anniversaire.
- Est-ce que tu es disponible ?
- Tu veux venir avec nous au marché ?

Proposer
- Tu peux venir avec Camille.
- Tu es toujours d'accord pour le rendez-vous de 15 h ?
- On pourrait aller au cinéma ce soir.

Remercier
- Merci beaucoup pour les fleurs.

S'excuser
- Je suis désolé pour le retard.

Se situer dans l'espace
- À
- En
- Dans
- Sur
- Sous
- Devant
- Derrière
- À côté de / près de
- Loin de
- En face de
- Vers
- Par
- À gauche, à droite, dedans, dehors, en haut, en bas

Se situer dans le temps
- À
- Avant
- Dans
- Après
- Pendant

Année
- Janvier
- Février
- Mars
- Avril
- Mai
- Juin
- Juillet
- Août
- Septembre
- Octobre
- Novembre
- Décembre

Journée
- Le jour
- Le matin
- La matinée
- Midi
- L'après-midi
- Le soir
- La soirée
- Minuit
- La nuit

Vie privée
- Un anniversaire
- Une fête
- La famille
- Le mariage
- La naissance
- Le dîner
- Les vacances
- Un jeu
- Le cinéma
- Le concert
- La lecture
- La musique
- Le théâtre
- Le sport
- Chanter
- Danser
- Marcher
- Se promener

Éducation et de la formation
- L'école
- L'université
- La bibliothèque
- La classe
- Le bâtiment
- La salle
- L'étudiant
- Le professeur
- L'inscription
- Le cours
- La conférence
- Un devoir
- Un exercice
- Un test
- Une note
- Un diplôme

Vie professionnelle
- Une entreprise
- Une société
- Un travail
- Un bureau
- Une réunion
- Une pause
- Un voyage d'affaires
- Une profession
- Un métier
- Un directeur
- Un chef
- Un collègue
- Un client
- Un médecin
- Une consultation
- Une visite médicale
- Une grève

Vie publique
- La ville
- Le centre-ville
- La banlieue
- Le quartier
- La mairie
- La préfecture
- La gare
- La station
- Le commissariat
- La poste
- L'hôpital
- La clinique
- La pharmacie
- Le marché
- La banque
- Les travaux

Je suis prêt(e) ?

Les 4 questions à se poser

1. Est-ce que je connais les différents types de correspondances et les formules de salutations et de prises de congé adaptées ?

2. Est-ce que je sais repérer la fonction d'un texte et son sens général : inviter, proposer, informer, demander des informations, demander de faire quelque chose, remercier, s'excuser, interdire ?

3. Est-ce que je connais au moins 10 mots dans chaque liste de cette page ?

4. Est-ce que je peux repérer des informations importantes (chiffres, annonces, instructions) dans un document écrit court ?

Prêt pour l'examen !

avant l'examen

À faire

- ☐ **Réviser le vocabulaire**
  la vie publique, poser des questions

- ☐ **Réviser la syntaxe**
  les prépositions de lieu, les prépositions de temps, l'impératif

- ☐ **Imaginer des indications** pour aller dans un lieu public
  et utiliser un plan pour suivre ces indications

le jour de l'examen

- ☐ respirer et se détendre
- ☐ observer la forme du texte
- ☐ regarder les mots que je reconnais ou les mots qui ressemblent aux langues que je connais pour repérer le thème général

Production écrite

COMPRENDRE

L'ÉPREUVE

La production écrite est la troisième épreuve de l'examen du DELF A1.

■ Durée totale de l'épreuve	> 30 MINUTES
■ Nombre de points	> 25 POINTS
■ Nombre d'exercices	> 2 EXERCICES
■ Nombre de documents à écrire	> 2 DOCUMENTS
■ Quand commencer à écrire ?	> Après avoir analysé la consigne, faire l'exercice 1 en 10 minutes, l'exercice 2 en 20 minutes
■ Combien de mots écrire ?	> exercice 1 : 10 informations > exercice 2 : 40 mots minimum
■ Quand répondre aux questions ?	> Après avoir tout lu

OBJECTIF DES EXERCICES

Exercice 1 — Compléter une fiche ou un formulaire
Exercice 2 — Rédiger des phrases simples sur des sujets de la vie quotidienne

LES SAVOIR-FAIRE

Il faut principalement être capable de :

- Remplir un formulaire
- Se présenter

Nom : ....
Prénom : ....
Date de naissance : ....
Nationalité : ....
Profession : ....

- Proposer/accepter une invitation
- Informer
- Raconter/rapporter des détails
- Respecter les formes de salutation et de prise de congé
- Respecter l'utilisation du vouvoiement / tutoiement

Salut !
Je suis en vacances à Bruxelles, en Belgique. Tu connais ? Je visite les monuments et les musées. Je suis avec mes parents et mon petit frère. Avec mon petit frère, je joue au football dans le parc en face de l'hôtel. Je rentre le 15 août. On se voit le 16 pour faire une randonnée ?
À bientôt !

production écrite

LES EXERCICES ET LES DOCUMENTS

	Supports possibles	Type d'exercice	Nombre de points
Exercice 1 Compléter une fiche ou un formulaire DOMAINE PUBLIC	▶ Fiche, bulletin d'inscription (cours de langue, concours, club de sport, bibliothèque, abonnement), bon de commande, réservation d'hôtel	Un formulaire	10 points
Exercice 2 Rédiger des phrases simples sur des sujets de la vie quotidienne DOMAINE PERSONNEL	▶ Carte postale, courriel, lettre, petit texte de présentation, forum	Une correspondance	15 points

LA CONSIGNE

Dans l'épreuve du DELF A1, il y a une consigne pour l'exercice 1 et une consigne pour l'exercice 2. Elles donnent la situation de l'activité et ce que vous devez faire.
Vous avez 30 minutes pour faire les deux exercices.

LES RÉPONSES

Dans l'exercice 1, il y a **10 informations à donner**.
Dans l'exercice 2, il faut écrire **40 mots minimum**.

Vous pouvez faire les deux exercices dans l'ordre que vous voulez. Lisez bien la consigne.
Les mots clés dans la consigne indiquent ce qu'il faut écrire dans votre production.

Dans l'exercice 1, la consigne indique l'objectif du formulaire et les informations demandées.

La consigne de l'exercice 2 permet d'identifier le type de texte à écrire, le thème et les informations à donner.

CONSEILS

- S'entraîner à :
– copier des coordonnées, des horaires ;
– écrire pour donner des informations sur soi, sa famille, ses amis, des numéros de réservation.

SE PRÉPARER

1 Se présenter

— Comprendre une fiche de renseignements

Activité 1
Mettez les informations du formulaire dans l'ordre.

Inscription à l'Atelier de lecture *Passion Livres*

NOM : Nantes
Prénom : 14/03/1969
Date de naissance : evelyne.delayen@wana.fr
E-mail : 21 rue de la Saussière
Adresse (n° et nom de la voie) : Évelyne
Code postal : DELAYEN
Ville : France
Pays : 02.40.41.93.36
Téléphone : 44000

Activité 2
Classez et **recopiez** les mots dans la bonne case pour inscrire Esteban à une école de langues à Lille.
59000 – Esteban – 07 86 54 79 02 – 27 ans – LOPEZ – Lille – elopez@gmai.fr – 15 avenue de la Liberté

NOM :	
Prénom :	
Adresse :	
Code postal :	
Ville :	
Téléphone :	
Adresse électronique :	
Âge :	

production écrite

— Utiliser des informations précises et courtes

Activité 3

Voici un bon de commande en ligne. Vous commandez deux shampoings (10 euros l'unité) et un pantalon (60 euros) sur internet. **Remplissez** le formulaire avec les informations demandées.

BON DE COMMANDE n° 2022/04/05		
INFORMATIONS DE LIVRAISON :		**MODE DE PAIEMENT :**
Nom :	Prénom :	Carte bancaire
Adresse complète :		
Pays :		
Téléphone : .... E-mail :		
ARTICLE	**QUANTITÉ**	**PRIX**
....	....	....
....	....	....
PRIX TOTAL		....

Activité 4

Lisez cette lettre et **complétez** la fiche d'inscription à l'école de musique.

Madame, Monsieur,

Mon fils Antoine a 12 ans. Il veut apprendre à jouer du piano. Il souhaite s'inscrire au cours débutant du mercredi soir à 19 heures.

Merci de confirmer son inscription.

Cordialement,

Hélène Duroc

FICHE D'INSCRIPTION

NOM : ....
                  (en majuscules)
Prénom : ....
Âge de l'élève : ....
Niveau : ....
Instrument de musique : ....
Horaires : ....

Activité 5

Lisez ces informations sur Rémi et **remplissez** le sondage sur les pratiques culturelles des Français.

Je m'appelle Rémi Blanchard. Je suis français. J'ai 33 ans et j'habite au 25, rue Rodier à Paris. Je suis entraîneur international pour un club de golf. On peut me contacter sur mon mail : rb22golf@courriel.fr, ou sur mon portable : 06.45.87.66.12.
J'adore le sport et je cours tous les jours au moins 2 heures avec mes amis sportifs. J'aime aussi les sorties culturelles. Je vais parfois au cinéma et je lis un livre par mois.

Coordonnées : ....
....
Âge : ....
Sexe : ....
Nationalité : ....
Profession : ....
Sport pratiqué : ....
Fréquence : ....
Loisirs préférés : ....

SE PRÉPARER

2 Écrire un texte court

— Comprendre la consigne

Activité 6

Vous êtes en vacances en été à la montagne dans les Alpes en France. Vous **écrivez** une carte postale à vos amis français. Vous **décrivez** vos activités et la météo. (40 mots minimum)

Repérez les mots clés de la consigne et répondez aux questions :

1 - qui ? ....

2 - à qui ? ....

3 - où ? ....

4 - quand ? ....

5 - quoi ? ....

6 - pour dire quoi ? ....

7 - comment ? ....

Activité 7

Reliez la consigne à la production correspondante.

Consigne 1
Vous êtes en vacances en Belgique chez des amis. Vous écrivez une carte postale à une amie suisse. Vous racontez avec qui vous êtes. Vous parlez de vos activités et du temps qu'il fait. Vous dites quand vous revenez en Suisse. (40 mots minimum)

A.
Salut Paul,
Tu vas bien ? Nous sommes passés chez toi à 18 heures pour boire un café. Tu n'étais pas là. Appelle-nous quand tu rentres. On espère te voir ce week-end.
À très bientôt. On t'embrasse, Fatou et Damien

B.
Salut à tous,
Je vous informe que je fais une grande fête vendredi prochain pour mon anniversaire. Venez tous chez moi à 19 heures. Apportez des boissons ou à manger s'il vous plaît. J'attends votre réponse par mail à : helene@courriel.fr, ou par téléphone au : 06.99.24.09.37.
Merci
Bises
Hélène

Consigne 2
Vous passez chez un ami pour prendre un café. Il est absent. Vous laissez un mot dans sa boîte aux lettres. Vous lui demandez d'appeler quand il rentre. (40 mots minimum)

Consigne 3
Vous allez fêter votre anniversaire. Vous écrivez une invitation par mail à tous vos amis. Vous indiquez où et quand est le rendez-vous. Vous leur demandez de confirmer leur venue et d'apporter quelque chose à boire ou à manger. (40 mots minimum)

C.
Bruxelles, le 14 août
Bonjour Laure,
Comment ça va ? Moi, je vais bien. Je suis à Bruxelles en Belgique chez des amis. Je visite tous les musées de la ville. J'adore l'Atomium. Il fait beau. Je rentre à Lausanne mercredi prochain. On se voit bientôt ?
Téléphone-moi. Bises
Jérôme

production écrite

— Raconter/rapporter des détails

Activité 8
C'est l'été. Vous êtes en voyage au Québec, à Montréal. Vous marchez dans la ville et visitez les sites historiques. Vous mangez des plats typiques dans des restaurants. Vous écrivez une carte postale à votre frère. Vous **racontez** où vous êtes et ce que vous faites. Vous **demandez** à le voir bientôt. (40 mots minimum)

Activité 9
Dans votre agenda personnel, vous **décrivez** vos activités des trois prochains jours.
Écrivez une phrase par jour avec un détail.

JUILLET		
Vendredi 9	Samedi 10	Dimanche 11

— Donner une information

Activité 10
Vous **écrivez** un courriel à votre correspondant(e) francophone pour la première fois. Vous vous **présentez**, vous dites où vous habitez et ce que vous faites (travail, études, loisirs). Vous lui **posez** des questions sur ses loisirs. (40 mots minimum)

SE PRÉPARER

Activité 11

Vous étudiez dans une école de langues. Votre professeur de français vous demande d'écrire un petit texte de présentation, vous **parlez** de votre famille et de vos loisirs. (40 mots minimum)

....

....

....

▬ Proposer, inviter, accepter, refuser, annoncer

Activité 12

Vous **annoncez** à vos amis votre promotion à Londres. Vous les **invitez** à fêter la bonne nouvelle. Vous **écrivez** un courriel. Vous **décrivez** la raison de votre message, le lieu, la date, l'heure du rendez-vous et vous **demandez** d'apporter une boisson. Vous leur **demandez** de confirmer par courriel. Adaptez la formule de politesse. (40 mots minimum)

Activité 13

Pour les vacances d'été, vos amis vous proposent de venir passer une semaine à la mer dans leur maison de vacances. Vous leur **écrivez** une lettre pour **accepter** leur invitation. Vous rappelez pourquoi vous écrivez, vous **confirmez** votre venue et vous **annoncez** votre arrivée (dates, durée du séjour). Vous **remerciez** vos amis et adaptez la formule de politesse. (40 mots minimum)

Activité 14

Votre enfant se marie. Vous **écrivez** le carton d'invitation au mariage. Vous **donnez** la date, le lieu de l'invitation et demandez de confirmer (délai). Vous **rappelez** vos coordonnées (adresse, courriel ou téléphone) pour recevoir la confirmation de la venue de vos invités.

Activité 15

Un collègue part travailler aux États-Unis. Il vous invite à sa fête de départ. Vous n'êtes pas disponible à la date proposée. Vous le **félicitez**. Vous **refusez** l'invitation. Vous **expliquez** pourquoi. (40 mots minimum)

S'ENTRAÎNER

1 Se présenter

Exercice 1 — 10 points

Lisez le formulaire d'inscription à votre bibliothèque à Bordeaux. **Complétez** le formulaire.

VOTRE FICHE D'INSCRIPTION

NOM : *VARIN*
Prénom : *Estelle*
Date de naissance : *29/05/1982*
Nationalité : *Française*
Adresse : *21 cours de l'Yser*
Code postal : *33000*
Ville : *Bordeaux*
Tél. mobile : *0656874253*
Adresse électronique : *e.varin@courriel.fr*
Profession : *pharmacienne*

▶ **Ce qui vous est demandé :** donner des informations aux endroits indiqués, écrire des chiffres + dates, nom, nationalité, adresse, date de naissance sur un formulaire d'inscription à une bibliothèque.

▶ **Ce que vous devez faire :** écrire un nom, un prénom et des coordonnées. Vous pouvez inventer une identité. À l'examen, le nom de famille est remplacé par XXXX pour rester anonyme.
– En français, le nom de famille s'écrit en majuscules.
– La date de naissance s'écrit de deux façons : 09/04/1978 ou 9 avril 1978.
– La nationalité est toujours au féminin.
– En français, le numéro de téléphone a 10 chiffres.
– Donner l'adresse : rue, avenue, boulevard, place + nom.

Exercice 2 — 10 points

Complétez ce formulaire pour un abonnement de train.

Cartes et abonnements

VOS COORDONNÉES

Civilité : ☐ Madame ☐ Monsieur
NOM : [   ]   Prénom : [   ]
Date de naissance : [   ]
Courriel : [   ]
Adresse (n° et nom de la voie) : [   ]
Code postal : [   ]   Ville : [   ]   Pays : [   ]
Téléphone : [   ]
Destination de voyage préférée : [   ]

production écrite

Exercice 3   **10 points**

Vous êtes une famille avec trois enfants. Vous **complétez** ce formulaire pour réserver une chambre double et trois chambres simples à l'hôtel.

HÔTEL SAINT-MALO

- Date d'arrivée
- Date de départ
- Adulte(s)
- Enfant(s)
- Chambre(s) : DOUBLE ☐ / SIMPLE ☐
- Petit-déjeuner ☐

HÔTEL SAINT-MALO

REMPLISSEZ LE FORMULAIRE AVEC VOS COORDONNÉES

INFORMATIONS PERSONNELLES
Tous les champs sont obligatoires

DÉJÀ ENREGISTRÉ ? Connectez-vous

- Civilité : M.
- Nom
- Prénom
- Pays : France
- Téléphone
- E-mail
- Confirmation de votre E-mail

PRÊT POUR L'EXAMEN

1. Que faut-il faire ? Recopier ou donner des informations ?
2. On peut répondre en 1 ou plusieurs mots.
3. Les fautes d'orthographe ne comptent pas.
4. S'entraîner à recopier des mots en français.
5. Relire sa production.

S'ENTRAÎNER

2 Écrire un texte court

Exercice 4
15 points

Vous êtes **en vacances**. Vous écrivez un **courrier électronique** à votre **amie française** Viviane pour voir une exposition. Vous **indiquez le sujet et le lieu de l'exposition**. Vous **invitez** votre amie et **proposez une heure et un lieu de rendez-vous**. Vous lui demandez ce qu'elle veut faire après la visite. (40 mots minimum)

▸ La consigne donne la réponse : ici, il y a 6 éléments à donner → saluer, inviter/proposer, indiquer le lieu, la date et l'heure du rendez-vous.
▸ **Ce qui vous est demandé** : écrire un courriel pour proposer une sortie.
▸ **Ce que vous devez faire** :
  – relever les mots clés dans la consigne pour identifier la situation ;
  – écrire un message amical et inviter votre amie française à une exposition ;
  – saluer et dire au revoir ;
  – donner des informations sur le lieu, la date et donner l'heure du rendez-vous.
  Attention, vous devez écrire 40 mots minimum.

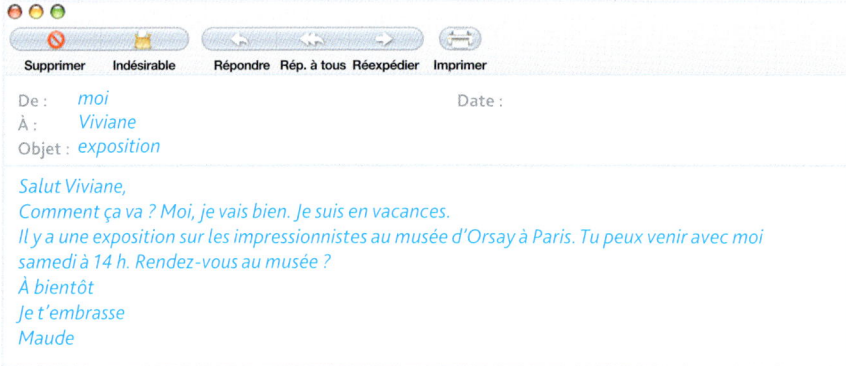

De : *moi*
À : *Viviane*
Objet : *exposition*
Date :

Salut Viviane,
Comment ça va ? Moi, je vais bien. Je suis en vacances.
Il y a une exposition sur les impressionnistes au musée d'Orsay à Paris. Tu peux venir avec moi samedi à 14 h. Rendez-vous au musée ?
À bientôt
Je t'embrasse
Maude

Exercice 5
15 points

Vous **envoyez** un message électronique à votre ami québécois. Vous **proposez** un saut à l'élastique pour son anniversaire. Vous **indiquez** la date et le lieu du saut. Vous lui **demandez** d'apporter sa caméra et de vous appeler pour confirmer. (40 mots minimum)

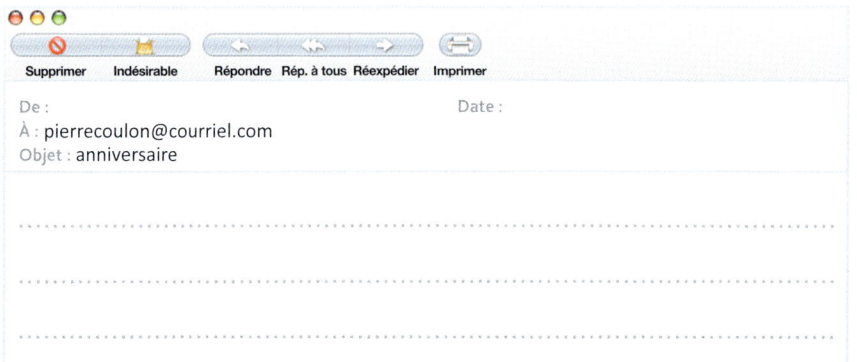

De :
À : pierrecoulon@courriel.com
Objet : anniversaire
Date :

production écrite

Exercice 6 (15 points)

Vous habitez en France et vous partez en voyage d'affaires. Vous **laissez un message** à votre voisine. Vous lui **demandez** de vous rendre service. Vous lui **donnez des instructions** et vous **indiquez** la date de votre retour. (40 mots minimum)

▸ Pour les instructions, vous pouvez utiliser l'impératif.

Exercice 7 (15 points)

Vous recevez un message d'un ami français. Il vous **propose** de faire une randonnée. Répondez et **expliquez** pourquoi vous **acceptez** ou **refusez**. (40 mots minimum)

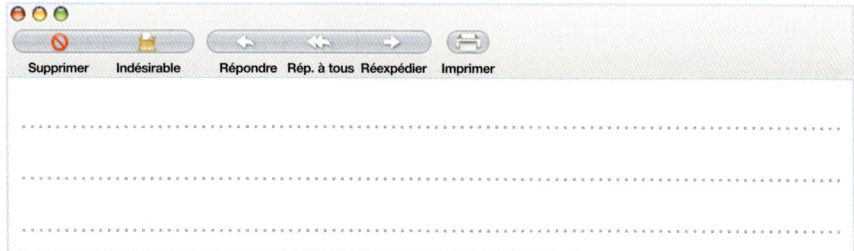

Exercice 8 (15 points)

Vous venez de déménager à Genève en Suisse pour vos études/votre travail. Vous **écrivez** un e-mail à un(e) ami(e) pour lui **raconter** votre nouvelle vie. Vous lui **décrivez** ce que vous faites et vous lui **demandez** de ses nouvelles. (40 mots minimum)

▸ Utilisez votre imagination et inventez des personnages.

CE QUE JE RETIENS

- Qu'est-ce je dois faire ? recopier ou donner des informations ?
- Quel type de formulaire je dois remplir ? une demande d'inscription à une bibliothèque ? à un concours ? à un club de sport ? à un abonnement ?
- Quel type de message je dois écrire ? une lettre ? une carte postale ? un courriel ?
- Quelles informations je dois donner ? des dates ? des horaires ?
- Quelle formule pour saluer le destinataire ? Pour dire au revoir ?
- J'adapte mon texte au destinataire (souvent amical).
- J'écris des phrases courtes avec un objectif précis dans une situation donnée.

PRÊT POUR L'EXAMEN

1. Quels sont les mots clés dans la consigne ?
2. Quelle est la situation ?
3. Quel est le lien avec le destinataire du courrier ?
4. Comment raconter ses loisirs ? Comment parler de la météo ?

Prêt pour l'examen !

Communication

- Accepter
- Accueillir et prendre congé
- Annoncer/confirmer un événement
- Demander/donner une information
- Donner rendez-vous
- Féliciter
- Inviter
- Parler de son quotidien
- Proposer/accepter/refuser une invitation
- Raconter
- Remercier
- S'excuser

Grammaire

Le présent

Le masculin et le féminin

Le singulier et le pluriel

Le conditionnel pour proposer

Les connecteurs *et, où, mais, alors, voilà* pour raconter

Socioculturel

La ponctuation

M La majuscule en début de phrase et pour un nom propre
Je m'appelle Pascale.

. Le point à la fin d'une phrase *déclarative*
J'arrive demain.

, La virgule pour séparer des éléments.
Avant : *mais, car*
Moi, je me lève à 6 h 30.

! Le point d'exclamation à la fin d'une phrase exclamative
Félicitations !
J'adore le chocolat !

? Le point d'interrogation à la fin d'une question
Vous aimez voyager ?
Comment ? Pardon ?

Vocabulaire

- Dates
- Goûts
- Horaires
- Logement
- Loisirs
- Météo
- Nationalités
- Nombres
- Professions
- Prix
- Villes

STRATÉGIES

1. Pour écrire, je pense à employer des mots ou des expressions utilisés dans le texte modèle.

2. Pour compter les mots (ensembles de lettres séparés par deux espaces) :
Je suis en vacances : 4 mots
J'ai deux billets pour un concert : 6 mots
(*j'ai* = un mot)

production écrite

POUR DIRE

Accepter
- J'accepte avec plaisir, bien sûr.
- Merci pour ton invitation !
- Avec plaisir !
- Je suis heureuse de venir à ton mariage.

Annoncer/confirmer un événement
- J'arrive mercredi prochain.
- Je te confirme ma venue.
- Je t'annonce que je vais me marier !
- J'ai la joie de vous annoncer la naissance de ma fille Hortense.
- Ça y est, j'ai mon permis de conduire !
- J'ai le bonheur de vous annoncer mon Pacs.

Accueillir et prendre congé
– Message informel :
- Salut !, Coucou
- À bientôt !
- À plus tard
- Bises

– Message formel :
- Sincères salutations
- Cordialement
- Bonne journée
- Bien à vous

Donner rendez-vous
- Rendez-vous à 18 h sur la place du village.
- Tu peux venir demain à ma soirée ?
- Je t'attends à la gare à midi.
- On pourrait se retrouver à 20 heures chez ton frère ?

Féliciter
- Je te félicite pour ton diplôme.
- Bravo !
- Félicitations !

Demander/donner une information
- Je voudrais connaître la date précise de votre venue.
- Quand voulez-vous prendre le petit déjeuner ?
- Vous restez combien de temps ?
- Qu'est-ce que tu fais l'été prochain ?
- Ici, il fait beau.
- Je marche tous les jours sur la plage.
- Je suis dans un hôtel magnifique en face de la mer.
- Nous sommes bien arrivés.

Parler de ses activités
- Je visite la région.
- Je fais du bateau.
- Je fais une excursion demain.
- Je me repose chez des amis.

Proposer
- Je propose de faire une surprise pour son anniversaire.
- Pour le programme des visites, on va voir ensemble.
- C'est possible de faire un tour en péniche.

Refuser une invitation
- Je suis désolé mais je ne vais pas pouvoir venir à ton dîner.
- Je regrette, je suis déjà pris.
- Malheureusement, ce n'est pas possible, je suis à l'étranger.
- Dommage, mais ce sera pour une prochaine fois.

Remercier
- Merci de votre compréhension.
- Je vous remercie par avance de votre réponse.

S'excuser
- Je vous prie de m'excuser pour le bruit d'hier soir.
- Je suis désolée !
- Excusez-moi.
- Je regrette.
- Pardon.

Météo
- Il fait beau.
- Il fait mauvais.
- Il fera doux sur toute la France.
- Des températures hivernales / estivales.
- Le temps est au beau fixe.
- Attention au rafraîchissement.
- Il y a du soleil, du brouillard, du vent.
- Il y a un cyclone et des vents forts.

Je suis prêt(e) ?

Les 4 questions à se poser

1. Est-ce que je suis capable d'écrire mon nom, mon prénom et mon adresse pour remplir un formulaire en français ?
2. Est-ce que je sais utiliser l'accueil et la prise de congé dans un message amical et un message professionnel ?
3. Est-ce que je sais donner un rendez-vous ou des nouvelles ?
4. Est-ce que je peux parler à l'écrit de mes activités quotidiennes ?

Prêt pour l'examen !

À faire

avant l'examen

- ☐ **Réviser** le **vocabulaire**
  vœux, activités, météo, dates, horaires

- ☐ **Réviser** la **syntaxe**
  le présent
  l'accord du masculin/féminin, singulier, pluriel

- ☐ **Écrire** des **mots en français** pour une réservation d'hôtel, une inscription à un club de sport, une demande d'information ou d'abonnement

le jour de l'examen

- ☐ relire les fiches **PRÊT POUR L'EXAMEN** pour se rassurer
- ☐ soigner son écriture
- ☐ utiliser la ponctuation

Production orale

COMPRENDRE

L'ÉPREUVE

La **production orale** est la quatrième et dernière épreuve de l'examen du DELF A1. Elle est individuelle.

■ Durée totale de l'épreuve	› 10 MINUTES de préparation › 5 à 7 MINUTES de passation
■ Nombre de points	› 25 POINTS
■ Nombre d'exercices	› 3 PARTIES
■ Nombre de productions	› 3 PRODUCTIONS
■ Quand commencer à parler ?	› Pour la partie 1, répondre aux questions de l'examinateur. Pour la partie 2, poser des questions et pour la partie 3, réagir aux phrases de l'examinateur.
■ Combien de mots dire ?	› Répondre à l'examinateur par des phrases.
■ Quand préparer les réponses aux questions des parties 2 et 3 ?	› Vous avez 10 MINUTES pour préparer les parties 2 et 3.

OBJECTIF DES EXERCICES

Exercice 1   L'entretien dirigé
Exercice 2   L'échange d'informations
Exercice 3   Le dialogue simulé

LES SAVOIR-FAIRE

Il faut principalement être capable de :

Se présenter
– Quel âge avez-vous ?
– J'ai 40 ans.
– Quel animal avez-vous ?
– J'ai des oiseaux.

Parler de soi
– Parlez moi de vos parents.

Poser des questions à l'examinateur
– Bonjour Madame.
– Bonjour Monsieur.
– Quelle est votre nationalité ?
– Je suis française. Et vous ?
– Moi, je suis italien. Combien de langues est-ce que vous parlez ?

• Demander/donner un renseignement
• Indiquer des quantités
– Bonjour Madame. Est-ce que vous avez un pantalon vert s'il vous plaît ?
– Bien sûr. Quelle est votre taille ?

production orale

LES EXERCICES ET LES DOCUMENTS

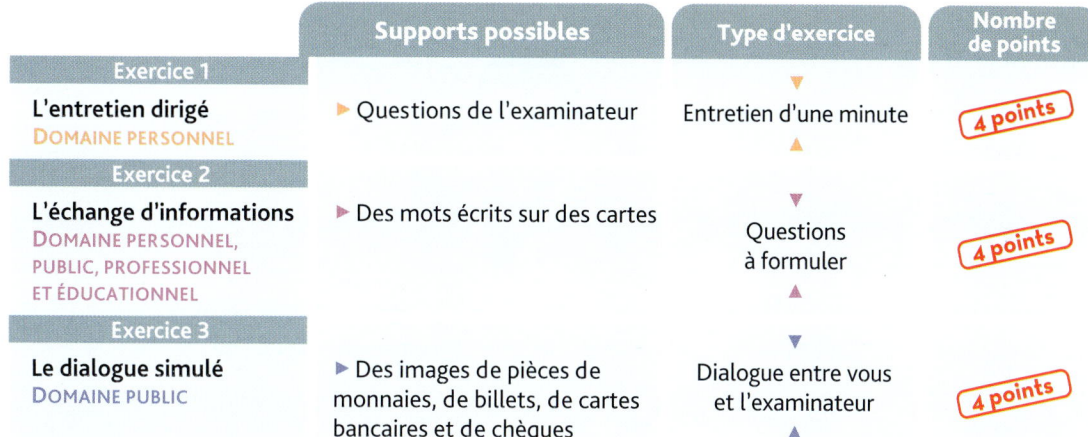

	Supports possibles	Type d'exercice	Nombre de points
Exercice 1 L'entretien dirigé DOMAINE PERSONNEL	▶ Questions de l'examinateur	Entretien d'une minute	4 points
Exercice 2 L'échange d'informations DOMAINE PERSONNEL, PUBLIC, PROFESSIONNEL ET ÉDUCATIONNEL	▶ Des mots écrits sur des cartes	Questions à formuler	4 points
Exercice 3 Le dialogue simulé DOMAINE PUBLIC	▶ Des images de pièces de monnaies, de billets, de cartes bancaires et de chèques	Dialogue entre vous et l'examinateur	4 points

Le niveau linguistique est noté sur **13 points** :
- Lexique : **5 points**
- Grammaire : **4 points**
- Phonétique et prononciation : **4 points**

LA CONSIGNE

Dans l'épreuve individuelle du DELF A1, vous recevez un document « candidat » qui présente le déroulement de l'épreuve, les consignes des trois parties, les six cartes mots clés pour la partie 2 et la description de la situation à jouer, les pièces de monnaie et billets fictifs pour la partie 3.

LES QUESTIONS ET LES RÉPONSES

L'épreuve se déroule en trois parties.

- **Partie 1 :** vous répondez aux questions de l'examinateur :
  Quel est votre nom ? Quelle est votre nationalité ? Parlez-moi de votre famille.
  Où habitez-vous ? Vous aimez le sport ? Qu'est-ce que vous faites le week-end ?

- **Partie 2 :** vous posez des questions à l'examinateur à l'aide des mots écrits sur les cartes.

  [Date de naissance ?] [Football ?] [Détester ?] [Vacances ?] [Livre ?] [Animal ?]

- **Partie 3 :** vous jouez la situation proposée (une commande au restaurant, une inscription, un achat). Vous devez connaître les règles de politesse et être capable de demander et donner des informations sur le prix des produits à acheter ou commander quelque chose.

CONSEILS

- saluez poliment l'examinateur au début et à la fin de l'épreuve ;
- prenez des notes pour vous aider ;
- entraînez-vous à parler devant un miroir ;
- imaginez les questions de l'examinateur sur ces thèmes : goûts, loisirs, logement, famille, vacances ;
- demandez à l'examinateur de répéter ou parler plus lentement.

SE PRÉPARER

1 L'entretien dirigé

Se présenter

Activité 1
Cochez les phrases correspondant à la présentation de Luc.
« Bonjour. Je m'appelle Luc… »

- ☐ Je suis belge.
- ☐ Elle est blonde.
- ☐ Il a un chien.
- ☐ Son père s'appelle David.
- ☐ Je suis avocat.
- ☐ J'ai 24 ans.
- ☐ J'ai un livre.
- ☐ La maison est blanche.

Activité 2
Complétez la présentation de Fatima.

Je .... Fatima. J' .... 34 .... mère .... Samia. J'ai .... chien. Je .... espagnole.

Activité 3
Décrivez les personnes.

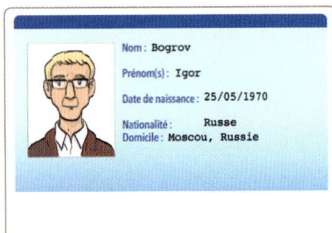

Il s'appelle Igor Bogrov. ....
....
....

Elle s'appelle Ling Wang. ....
....
....

Il s'appelle Victor Campos. ....
....
....

production orale

Activité 4
Complétez la présentation de la famille de Steve.

« Je m'appelle Steve. Je suis né le 13 janvier 1989.

....
....
....
.... »

▬ Parler de ses activités

Activité 5
Présentez l'activité.

Exemple :
Je joue au piano. /
J'aime le piano. /
J'ai des cours de piano.

A. Je ....

B. Je ....

C. Je ....

D. Je ....

Activité 6
Répondez aux questions.

Exemple : Qu'est-ce que vous faites le soir ?
Le soir, je regarde la télévision et je lis un livre avant de dormir.

1 - Qu'est-ce que vous faites le samedi ?

....

2 - Quels sont vos loisirs ?

....

3 - Quels sports est-ce que vous faites ?

....

SE PRÉPARER

Activité 7
Reliez les informations.

Exemple : Le samedi, je vais à la piscine.

1 - Le matin,   •   • j'aime •   • mes parents.
2 - À la télévision, •   • je mange •   • à 7 h 30.
3 - Le midi,   •   • je me lève •   • les jeux.
4 - Au parc,   •   • je regarde •   • de la viande.
5 - Le dimanche, •   • je vois •   • des films d'action.

Activité 8
Décrivez la journée de Victor à partir des images.

« Le matin, je ....

....

.... »

— Répondre à des questions

Activité 9
Cochez la bonne réponse.

1 - Quel âge avez-vous ?
☐ J'ai 20 ans.   ☐ Il a 20 ans.   ☐ Vous avez 20 ans.

2 - Où habitez-vous ?
☐ Je vais en vacances à Washington.   ☐ Je suis à Washington.   ☐ J'habite à Washington.

3 - Qu'est-ce que vous faites le soir ?
☐ Je vais au cinéma.   ☐ J'aime le cinéma.   ☐ Je fais du cinéma.

4 - Quelle est votre activité sportive ?
☐ Je fais mes devoirs.   ☐ Je fais un gâteau.   ☐ Je fais du tennis.

production orale

Activité 10
Répondez aux questions.

1 - Est-ce que vous avez des frères et des sœurs ? Combien ? Comment s'appellent-ils ?
....

2 - Quelle est votre nationalité ?
....

3 - Quelle est votre date de naissance ?
....

4 - Qu'est-ce que vous faites le samedi et le dimanche ?
....

Activité 11
Écoutez, **répétez** et **notez** les liaisons.

Exemple :
1 - *Je m'appelle Amélie.* → *Je m'appelle Amélie.*

2 - J'ai un frère et deux sœurs.

3 - Je me lève à 7 h 00 et je vais à l'université à 8 h 00.

4 - Je fais de l'équitation.

5 - J'habite à Madrid, en Espagne.

6 - Mon père s'appelle Thomas et ma mère s'appelle Angelina.

7 - Mon père a 41 ans et ma mère a 38 ans.

Activité 12
Écoutez les questions et **cochez** les réponses entendues.

Question 1 : ☐ Vous avez 50 ans. ☐ J'ai 52 ans. ☐ J'ai 50 ans.

Question 2 : ☐ J'ai des oiseaux. ☐ J'ai des poissons. ☐ Je n'ai pas d'animaux.

Question 3 : ☐ J'ai une mère. Elle s'appelle Louise. Et mon père, il s'appelle André. ☐ Ma mère s'appelle Julie. Mon père, lui, s'appelle André. ☐ Ma mère s'appelle Louise et mon père, lui, s'appelle André.

Question 4 : ☐ Je fais du vélo le vendredi et après, je vais au cinéma avec des amis. ☐ Je fais du vélo le samedi et après, je vais au cinéma avec mes amis. ☐ Je vais en vélo à la piscine et après, je vais au cinéma avec un ami.

Question 5 : ☐ Je suis chirurgien. ☐ Je suis médecin. ☐ Je suis pharmacien.

SE PRÉPARER

Activité 13

Youssef se présente à l'épreuve de production orale du DELF A1.
Écoutez le premier exercice de l'épreuve et **complétez** le texte suivant.

EXAMINATRICE : Bonjour.

YOUSSEF : Bonjour.

EXAMINATRICE : Bienvenue à votre épreuve de production orale du DELF A1. Le premier exercice est un entretien dirigé. Je vous pose des .... pour vous connaître. Ça va ? Est-ce que nous pouvons .... ?

YOUSSEF : Oui, ça va.

EXAMINATRICE : .... est-ce que vous vous appelez ?

YOUSSEF : Je m'appelle Youssef.

EXAMINATRICE : Est-ce que vous pouvez .... votre .... s'il vous plaît ?

YOUSSEF : Y-O-U-S-S-E-F.

EXAMINATRICE : Et quel .... ?

YOUSSEF : 26 ans. J'ai 26 ans.

EXAMINATRICE : Merci. Combien de .... avez-vous ?

YOUSSEF : J'ai un .... et deux ....

EXAMINATRICE : Comment s'appellent-ils ?

YOUSSEF : Mon .... s'appelle Ahmed et mes .... s'appellent Liliane et Sara.

EXAMINATRICE : Est-ce que vous faites un .... ?

YOUSSEF : Oui.

EXAMINATRICE : Quel .... est-ce que vous faites ?

YOUSSEF : Je fais du basketball et du karaté.

EXAMINATRICE : D'accord. Et vous faites ces .... quels .... ?

YOUSSEF : Le basketball, c'est le .... et le .... Je fais du karaté le .... et le ....

EXAMINATRICE : Merci Youssef. L'exercice 1 est terminé. Nous passons .... à l'exercice 2.

2 L'échange d'informations

— Comprendre un mot

Activité 14
Classez les mots suivants dans le tableau.
métier – âge – parc – cinéma – diplôme – enfants – nationalité – piano – secrétaire – rugby – réunion – adresse

Vie privée	Vie professionnelle	Loisirs

Activité 15
Trouvez des mots pour chaque thématique.

Le sport

Types de sport	Verbes	Lieux	Personnes	Autres
Football…	Jouer…	Stade…	Sportif…	Inscription…

Les transports

Moyens de transport	Verbes	Lieux	Personnes	Autres
Voiture…	Voyager…	Gare…	Voyageur…	Tourisme…

Les études

Matières	Verbes	Lieux	Personnes	Autres
Cours…	Étudier…	École…	Étudiant…	Exercice…

Activité 16
Associez des mots de la même thématique.

Téléphone • • Musique

Acteur • • Chambre

Chanter • • Famille

Maison • • Numéro

Bureau • • Acheter

Père • • Ordinateur

Magasin • • Cinéma

SE PRÉPARER

Activité 17

Définissez chaque mot par 3 autres mots.

Exemple : Samedi : jour – semaine – week-end

Hiver : ....

Déjeuner : ....

Métro : ....

Internet : ....

Théâtre : ....

Situation de famille : ....

▬ Formuler une question

Activité 18

Reliez les mots aux mots interrogatifs correspondants.

Nom ●   ● Où ?

Adresse ●   ● Quand ?

Nombre ●   ● Comment ?

Personne ●   ● Combien ?

Date ●   ● Qui ?

Activité 19

Complétez les questions avec le mot interrogatif correspondant.

1 - .... habitez-vous ?

2 - .... s'appelle votre femme ?

3 - .... allez-vous au cinéma ?

4 - .... est-ce que vous allez à votre bureau ?

5 - .... avez-vous de frères et de sœurs ?

6 - .... est votre profession ?

7 - Vous lisez .... ?

8 - .... est votre nationalité ?

9 - .... est votre film préféré ?

10 - .... est-ce que vous faites le dimanche ?

Pour vous aider, écoutez les questions.

Activité 20

Replacez les mots dans l'ordre pour former une question.

1 - est-ce que / soir / à / vous / quelle / mangez / le / heure ?

2 - langues / parlez / est-ce que / quelles / vous ?

3 - préférée / quelle / votre / est / couleur ?

4 - quoi / le / vous / samedi / faites ?

5 - à / allez / est-ce que / l'école / comment / vous ?

Pour vous aider, écoutez les questions.

production orale

Activité 21
Posez une question avec le mot donné.

1 - Animal : .... ?

2 - Amis : .... ?

3 - Plage : .... ?

4 - Musique : .... ?

5 - Stylo : .... ?

Pour vous aider, écoutez les questions.

— **Manifester sa compréhension**

Activité 22
Associez une réaction à une réponse.

Réponses

1 - Ma couleur préférée est le bleu. •

2 - J'ai un chien et deux chats. •

3 - Je n'ai pas d'animaux. •

4 - J'aime aller au cinéma avec mes amis. •

5 - L'été, je vais en vacances à la mer. •

6 - Je ne prends pas le métro. •

Réactions

• Moi aussi.

• D'accord. Où est-ce que vous allez ?

• Ah, moi j'ai un chien.

• Ah, c'est bien. Moi je n'ai pas d'animaux.

• Moi non plus.

• Moi, c'est le vert.

Pour vous aider, écoutez les questions.

Activité 23
Réagissez aux affirmations suivantes.

Exemple :
J'aime aller au restaurant avec mes amis. → *Moi aussi. / Oui, c'est super d'aller au restaurant avec ses amis. / Moi, je n'aime pas. / Moi, je vais au restaurant avec ma famille.*

1 - Je ne bois pas de jus d'orange. ....

2 - Mon numéro de téléphone est le 04.47.65.00.22. ....

3 - J'adore le chocolat. ....

4 - Je parle français et espagnol. ....

5 - Je vais au supermarché tous les samedis. ....

Activité 24
Écoutez et **répétez**.

1 - Quel âge avez-vous ?

2 - Quelle est la date de votre anniversaire ?

3 - Est-ce que vous faites du vélo ?

4 - Combien d'enfants est-ce que vous avez ?

5 - Quand partez-vous en vacances ?

6 - Où est-ce que vous allez en vacances ?

7 - Le samedi, vous faites quoi ?

SE PRÉPARER

Activité 25
Écoutez et **notez** les intonations.
↗ = l'intonation monte.
↘ = l'intonation baisse.

Exemple :
1 - Quel âge <u>avez-vous</u> ? ↗
2 - Quelle est la date de votre anniversaire ?
3 - La date de mon anniversaire est le 13 mai.
4 - La date de mon anniversaire ? C'est le 13 mai.
5 - Est-ce que vous aimez la télévision ?
6 - Vous aimez la télévision.
7 - Combien de frères avez-vous ?
8 - Vous avez deux frères. Moi, j'ai un frère.
9 - Le samedi, vous faites quoi ?
10 - Le samedi, vous allez au parc. Avec qui ?
11 - J'aime les chats. Pourquoi ? Je ne sais pas.

Activité 26
C'est l'épreuve de production orale du DELF A1 de Youssef.
Écoutez le deuxième exercice de l'épreuve et **complétez** le texte suivant.

EXAMINATRICE : L'exercice 2 est un échange d'informations. Vous me posez des .... pour me connaître. Utilisez les mots pour poser vos ....

YOUSSEF : .... est votre .... ?

EXAMINATRICE : Je suis française. Et .... ?

YOUSSEF : Moi, je suis .... est-ce que vous parlez ?

EXAMINATRICE : Je parle .... , ... et ....

YOUSSEF : Oh, d'accord. Moi aussi je parle .... , ... mais .... Je parle .... vous vous levez ?

EXAMINATRICE : Je me lève à 6 h 30 tous les jours.

YOUSSEF : C'est .... !

EXAMINATRICE : Oui, c'est vrai. Je travaille ....

YOUSSEF : .... vous avez un appartement ou une maison ?

EXAMINATRICE : J'ai une maison.

YOUSSEF : Moi, j'habite dans un appartement. Et .... est-ce que vous venez à l'école ?

EXAMINATRICE : Je viens en .... , c'est rapide !

YOUSSEF : Oh, ... !

EXAMINATRICE : Merci. L'exercice 2 est terminé. Nous passons maintenant à l'exercice 3.

3 Le dialogue simulé

— Entrer en contact

Activité 27
Classez les expressions dans le tableau.

Bonne journée – Au revoir – Bonjour Madame – Salut – À bientôt – Bonsoir

Saluer	Prendre congé

Connaissez-vous d'autres mots pour saluer ou prendre congé ? Lesquels ?

....

Activité 28
Complétez les dialogues avec les formules de salutation et de prise de congé correspondantes.

Dialogue n° 1 :
– .... ! Ça va ?
– Ça va bien et toi ?
– Je vais bien. On va au cinéma ce soir ?
– D'accord.
– Super ! ....

Dialogue n° 2 :
– .... Je voudrais une baguette s'il vous plaît.
– Une baguette ! Est-ce que vous voulez autre chose ?
– Non merci.
– Merci Monsieur. ....

Dialogue n° 3 :
– .... Il est tard ! Qu'est-ce que vous faites ici ?
– Oh, pardon Monsieur ! Je rentre chez moi.
– ....
– ....

Activité 29
Modifiez les phrases en ajoutant une ou plusieurs formules de politesse.

Exemple :
Je veux une baguette. → *Est-ce que je peux avoir une baguette s'il vous plaît ?*

1 - Je cherche un livre. → ....

2 - Je veux un kilo de tomates. → ....

3 - Bonjour. Combien coûte la robe ? → ....

SE PRÉPARER

4 - Voilà 22 euros. Au revoir. → ....

5 - Tu peux me donner le prix ? → ....

▬ Demander et donner des informations

Activité 30

Vous souhaitez acheter les articles de la liste suivante. **Posez** deux questions par mot.

Exemple : Chemise → Quelles tailles de chemise est-ce que vous avez ? Combien coûte la chemise ?

1 - Carottes .... ?

.... ?

2 - Cahier .... ?

.... ?

3 - Télévision .... ?

.... ?

4 - Pain .... ?

.... ?

5 - Billet de cinéma .... ?

.... ?

Activité 31 (PISTE 84)

Trouvez la question à chaque réponse.

Exemple : À quelle heure part le train pour Lille ? → Le prochain départ pour Lille est à 9 h 23.

1 - .... ? Ce magazine coûte 1,50 €.

2 - .... ? Je vous apporte la carte tout de suite Madame.

3 - .... ? Oui, nous avons des pulls bleus.

4 - .... ? Non, nous acceptons seulement les cartes bancaires.

5 - .... ? Cette jupe, c'est du 40.

Pour vous aider, écoutez les questions.

Activité 32

Vous souhaitez acheter les objets de la liste suivante. **Précisez** deux informations par objet pour le vendeur.

1 - CD : .... (type de musique) .... (type de chanteur)

2 - Chemise : .... (couleur) .... (taille)

3 - Jouet : .... (personne) .... (âge)

4 - Gâteau : .... (fête) .... (goût)

5 - Livre : .... (type, genre) .... (année)

production orale

Activité 33
Répondez aux questions avec des détails.

1 - Qu'est-ce que vous souhaitez manger ?

....
....
....

Menu
Entrées : salade, soupe de poissons, tomates
Plats : poisson / riz, poulet / riz, poulet / frites
Desserts : glace, tarte, crème brûlée

2 - À quel sport est-ce que vous souhaitez vous inscrire ?

....
....
....

3 - Pour quel film est-ce que vous voulez un billet ?

....

▬ Acheter des produits

Activité 34
Reliez le ticket au moyen de paiement nécessaire pour payer.

Restaurant Côte Ouest
Total à payer .... 55 €
Par carte bancaire et chèque à partir de 60 €

• A.

• B.

• C.

Activité 35

Écoutez et **répondez** aux questions.

1 - Combien coûte le manteau ? ....

2 - Combien est-ce que vous devez payer ? ....

3 - Quel est le prix du plat principal ? ....

4 - Combien coûte le billet de train pour Paris ? ....

Activité 36

Écoutez et **notez** les liaisons.

1 - Bonjour Monsieur. Je voudrais une boîte de chocolats. C'est pour un anniversaire.
2 - Quel est le prix d'une enveloppe s'il vous plaît ?
3 - Le menu est à 13 €, c'est ça ?
4 - Est-ce que vous avez un animal noir et blanc ?
5 - Je cherche des chaussures pour jouer au tennis avec mes amis.

Activité 37

C'est l'épreuve de production orale du DELF A1 de Youssef.
Écoutez le troisième exercice de l'épreuve et **complétez** le texte suivant.

EXAMINATRICE : L'exercice 3 est un dialogue simulé. Nous sommes dans une épicerie. Vous voulez acheter des produits. Vous êtes le client et je suis la vendeuse. Nous commençons.

YOUSSEF : Bonjour Madame.

EXAMINATRICE : Bonjour Monsieur.

YOUSSEF : Je .... acheter du sucre et des tomates s'il vous plaît.

EXAMINATRICE : Oui, combien de .... de sucre ?

YOUSSEF : 2 .... de sucre s'il vous plaît.

EXAMINATRICE : D'accord et combien de tomates ?

YOUSSEF : 1 kilo de tomates s'il vous plaît. .... du kilo de tomates ?

EXAMINATRICE : 1,30 €.

YOUSSEF : Merci. Et .... le sucre ?

EXAMINATRICE : Le sucre ? C'est 3 € pour les 2 kilos.

YOUSSEF : Merci.

EXAMINATRICE : Est-ce que vous voulez .... Monsieur ?

YOUSSEF : Oui, je voudrais .... du pain s'il vous plaît. .... vous avez des baguettes ?

EXAMINATRICE : Oui, combien de baguettes est-ce que vous voulez ?

YOUSSEF : .... 1 baguette. .... ?

EXAMINATRICE : La baguette coûte 70 centimes.

YOUSSEF : Merci. Quel est le .... pour le sucre, les tomates et la baguette s'il vous plaît ?

EXAMINATRICE : Alors, le .... est de 5 €. Comment est-ce que vous payez Monsieur ?

YOUSSEF : Je paye .... Et voilà 5 €.

EXAMINATRICE : Merci Monsieur. Et voilà vos produits.

YOUSSEF : Merci beaucoup. Au revoir Madame et ....

EXAMINATRICE : Au revoir Monsieur. Merci Youssef. L'épreuve est terminée.

S'ENTRAÎNER

1 L'entretien dirigé

Vous **répondez** aux questions de l'examinateur sur vous, votre famille, vos goûts ou vos activités.

Exercice 1 (4 points*)

◆ L'exercice dure une minute environ. L'examinateur pose cinq questions environ.
Vous ne préparez pas cet exercice.

◆ Répondez aux questions avec une phrase pour montrer à l'examinateur vos compétences.
Exemple : *Comment est-ce que vous vous appelez ?*
Exemple incorrect : *Manuel.*
Exemple correct : *Je m'appelle Manuel.*

◆ Si vous ne comprenez pas une question, vous pouvez demander à l'examinateur de répéter.
C'est autorisé !

1 - Est-ce que vous pouvez épeler votre nom ? *Mon nom s'écrit…*
2 - Quelle est votre nationalité ? *Je suis…*
◆ Quand vous ne trouvez pas le mot, vous pouvez utiliser une autre information.
◆ Exemples de réponses possibles : *Je suis marocain. / Je suis né au Maroc. / Je suis né à Rabat.*
3 - Où est-ce que vous habitez ? *J'habite à…*
4 - Quel est votre sport préféré ? *J'aime le/la… / Mon sport préféré est…*
◆ Lorsque vous ne savez pas dire en français votre réponse, vous pouvez imaginer une autre réponse.
Par exemple, si vous ne savez pas dire « danse », vous pouvez dire « tennis » : « *J'aime le tennis.* »
5 - Comment s'appellent vos parents ? *Mes parents s'appellent…*

Exercice 2 (4 points)

1 - Parlez-moi de votre famille. Vous avez des frères et des sœurs ? Comment s'appellent-ils ?
2 - Quel est votre âge ?
3 - Qu'est-ce que vous faites le samedi ?
4 - Quelles langues est-ce que vous parlez ?
5 - Quelle est votre profession ?

Exercice 3 (4 points)

1 - Quelles sont vos activités préférées ?
2 - Quelle est votre adresse ?
3 - Comment est votre maison ?
4 - Parlez-moi de vos repas. Qu'est-ce que vous mangez ? À quelle heure est-ce que vous mangez ?
5 - Combien d'animaux est-ce que vous avez ? Comment ils s'appellent ?

PRÊT POUR L'EXAMEN

❶ Répondre à toutes les questions de l'examinateur. Si on ne comprend pas, on peut le dire à l'examinateur : « *Est-ce que vous pouvez répéter s'il vous plaît ? Désolé(e), je ne comprends pas.* »
❷ Répondre aux questions avec une phrase simple ou avec un mot. On peut utiliser ses mains pour expliquer un mot.
❸ Pendant les 10 minutes de préparation, il est inutile de préparer cet exercice sur le brouillon.

* Attention : les points indiqués ne tiennent pas compte des 13 points attribués selon le niveau linguistique pour l'ensemble des exercices de la production orale (voir p. 87)

S'ENTRAÎNER

2 L'échange d'informations

Vous **posez** des questions à l'examinateur avec les mots écrits sur les cartes.

Exercice 4 (4 points)

▸ Vous avez 10 minutes pour préparer l'exercice 2 et l'exercice 3. Passez environ cinq minutes pour préparer l'exercice 2 et environ cinq minutes pour préparer l'exercice 3.

▸ Vous ne devez pas obligatoirement utiliser le mot. Il s'agit d'un thème.
Exemple : maison = *quelle est votre pièce préférée chez vous ?*

▸ N'oubliez pas de changer les mots interrogatifs dans vos questions ! L'objectif est de montrer à l'examinateur que vous connaissez plusieurs types de question : combien, comment, quand, quel, est-ce que, etc.

Maison ?

Mots possibles : *maison, appartement, pièce*
Types de question : *comment, quel, où*
Exemples : *Comment est votre maison ? Quelle est votre pièce préférée ? Où habitez-vous ? Est-ce que vous habitez dans une maison ou dans un appartement ?*

Langue ?

Mots possibles : *langues vivantes, noms de langues (français, anglais, allemand, russe…)*
Types de question : *quel, combien*
Exemples : *Combien de langues parlez-vous ? Est-ce que vous parlez russe ? Quelles langues est-ce que vous parlez ?*

Enfants ?

Mots possibles : *enfants, famille*
Types de question : *combien, comment*
Exemples : *Combien avez-vous d'enfants ? Comment s'appellent vos enfants ?*

Boulangerie ?

Mots possibles : *boulangerie, pain, baguette*
Types de question : *combien, comment*
Exemples : *Qu'est-ce que vous achetez à la boulangerie ? Combien de fois par semaine vous allez à la boulangerie ?*

Téléphone ?

Mots possibles : *téléphone, numéro, maison, bureau, téléphone portable*
Types de question : *quel, combien, comment*
Exemples : *Quel est votre numéro de téléphone ? Combien avez-vous de téléphones ? Est-ce que vous avez un téléphone portable ? Comment est votre téléphone ?*

Voyager ?

Mots possibles : *voyager, pays, valise, vacances*
Types de question : *où, comment, quel*
Exemples : *Où est-ce que vous voyagez ? Quel est votre pays préféré ? Est-ce que vous voyagez avec beaucoup de valises ? Avec qui est-ce que vous voyagez ?*

▸ **Attention :** dans cet exercice, vous voulez connaître l'examinateur. Vous posez des questions à l'examinateur sur sa personne, sa vie, ses goûts, ses activités, etc.
Exemple : Monument ? → exemple correct : *Quel est votre monument préféré ?*
→ exemple incorrect : *Quel est le monument préféré des Français ?*

▸ Vous devez manifester une réaction après la réponse de l'examinateur. N'hésitez pas à :
– utiliser votre corps : faites un signe de la tête, souriez ;
– répondre par une expression : « Moi aussi », « Moi non plus », « Je suis d'accord », « Merci », etc.

production orale

Exercice 5 — 4 points

Profession ?   Dormir ?   Devoirs ?   Couleur ?   Vélo ?   Cinéma ?

Exercice 6 — 4 points

Nationalité ?   Famille ?   Animal ?   Internet ?   Sport ?   Heure ?

PRÊT POUR L'EXAMEN

❶ Préparer des questions différentes. Ne pas répéter la même formulation (par exemple, ne pas utiliser uniquement « Est-ce que... »).
❷ Poser des questions pour connaître l'examinateur.
❸ Montrer sa compréhension des réponses de l'examinateur avec une phrase, un mot ou un geste de la tête.

3 Le dialogue simulé

Vous **jouez** une situation avec l'examinateur.

Exercice 7 — 4 points

◆ Vous avez 10 minutes pour préparer l'exercice 2 et l'exercice 3. Passez environ cinq minutes pour préparer l'exercice 2 et environ cinq minutes pour préparer l'exercice 3.

Dans un magasin de vêtements
Vous allez dans un magasin de vêtements à Paris. Vous demandez des informations sur les vêtements (tailles, couleurs, prix). Vous achetez deux ou trois articles et vous payez.
L'examinateur joue le rôle du vendeur.

◆ Lisez attentivement la consigne :
  – vous achetez des vêtements ;
  – vous devez poser des questions sur les tailles, les couleurs et les prix ;
  – vous payez.
◆ L'examinateur joue le rôle du vendeur = vous ne connaissez pas le vendeur. Il faut toujours utiliser « vous ».

S'ENTRAÎNER

◆ Vous pouvez vous aider des images pour trouver votre inspiration !
   Exemple : un pantalon beige, une jupe, une chemise, un pull noir, etc.
   Vous pouvez aussi ajouter des mots. Exemple : manteau, chaussures, chapeau, ceinture, etc.

◆ Sur votre brouillon, préparez :
   – les questions : **tailles** = Quelle est la taille de la chemise ? / Quelles tailles de pantalon est-ce que vous avez ? ; **couleurs** = J'aime le beige. Est-ce que vous avez un pantalon beige ? / Quelles couleurs il y a ? ; **prix** = Combien ça coûte ? / Quel est le prix de la robe ?
   – les formules de politesse = Bonjour, s'il vous plaît, je voudrais, merci, bonne journée, etc.
   – quelques phrases : Je voudrais une jupe rose. / Je cherche un pantalon beige. / J'aime les pulls noirs. / Je paye en espèces.

Exercice 8 — 4 points

Au restaurant

Vous êtes au restaurant à Nice. Vous demandez la carte et vous commandez une entrée, un plat et un dessert. Vous demandez l'addition et vous payez.
L'examinateur joue le rôle du serveur.

Exercice 9 — 4 points

Au centre de loisirs

Vous habitez à Bastia, en Corse. Vous allez au centre de loisirs pour vous inscrire à un sport. Vous demandez des informations (jours, horaires, prix), vous vous inscrivez et vous payez.
L'examinateur joue le rôle de l'animateur.

production orale

PRÊT POUR L'EXAMEN

① Pendant les 10 minutes de préparation, préparer cet exercice. Noter sur le brouillon le début du dialogue (« Bonjour Madame/Monsieur... »), des expressions (« Je voudrais », « s'il vous plaît »...) et la fin (« Merci. Bonne journée. Au revoir. »).

② Pendant le dialogue, le candidat est le client et il doit poser des questions pour avoir des informations. Poser plusieurs questions et acheter plusieurs objets, biens, services.

③ Prendre son temps : il est possible de faire des pauses pour chercher ses mots ; on peut demander de répéter ; on peut dire « non » et demander autre chose.

CE QUE JE RETIENS

▶ 10 minutes de préparation : j'utilise les 10 minutes pour préparer les 2 exercices et écrire mes idées sur un brouillon.

▶ L'examinateur explique les exercices : pendant l'épreuve, l'examinateur donne la consigne de chaque exercice et parle lentement ; il peut expliquer ou répéter si je le demande. Il indique quand un exercice est terminé.

▶ Dans l'exercice 1, je parle de moi. Dans l'exercice 2, je veux connaître l'examinateur et dans l'exercice 3, je suis un personnage « client ». J'imagine la situation et je joue le jeu. J'essaie d'utiliser des mots et des expressions différents pour montrer à l'examinateur ce que je connais.

Prêt pour l'examen !

Communication

- Acheter des biens / Commander
- Décrire une personne
- Donner des instructions orales
- Demander des objets du quotidien, des produits alimentaires
- Entrer en contact
- Parler de ses activités
- Poser des questions
- Répondre à des questions
- Se présenter
- Se renseigner

Socioculturel

Attitude à l'examen

- Saluer : *Bonjour Madame, Au revoir, Monsieur*
- Utiliser le « vous » : *Quel est votre âge ?*
- Utiliser les formules de politesse : *s'il vous plaît, merci, pardon, excusez-moi*
- Regarder l'examinateur dans les yeux. En France, c'est un signe de respect de son interlocuteur.
- Ne pas mâcher de chewing-gum ou jouer avec son stylo.

Grammaire

Les pronoms sujets et toniques

Les mots interrogatifs (quel, combien, est-ce que)

Les articles contractés

Les prépositions de lieu

Les adjectifs possessifs

Les verbes pronominaux

Vocabulaire

- Goûts
- Horaires
- Logement
- Loisirs
- Nombres
- Professions
- Prix

STRATÉGIES

1. Avant de parler, je fais attention au statut des personnes pour m'adapter au registre de langue.

2. Pour renforcer mon message, je peux utiliser des gestes.

3. Il me manque un mot pour continuer ma phrase ? J'explique autrement, avec d'autres mots.

production orale

POUR DIRE

▶ **Acheter des biens/ Commander/réserver**
- Je voudrais 2 kilos de carottes s'il vous plaît.
- J'aimerais 500 grammes de fraises.
- Je voudrais réserver une chambre double.
- J'aurais besoin d'une chemise bleue et d'une cravate.

▶ **Décrire une personne**
- C'est ma mère. Elle est mexicaine. Elle a 65 ans.
- Elle est grande et brune.
- Elle a les cheveux courts.
- Elle a les yeux bleus.

▶ **Exprimer ses goûts**
- J'aime/j'adore voyager.
- Je déteste/Je n'aime pas le sport.
- Je ne supporte pas le golf.
- Je suis passionnée de musique baroque.

▶ **Parler de soi**
- Je m'appelle Marcella. J'ai 48 ans.
- Je suis italienne. Je dirige une maison d'édition.
- J'ai un fils de 15 ans. Il s'appelle Giovanni.
- J'habite à Naples dans un appartement. C'est très agréable.

▶ **Parler de ses activités**
- Je fais du tennis.
- Je lis des polars.
- Je jardine beaucoup.

▶ **Poser des questions**
- Vous vous appelez comment ?
- Quelle est votre nationalité ?
- Vous aimez la musique ?
- Quel est votre animal préféré ?
- Vous habitez où ?
- Combien ça coûte ?

▶ **Activités quotidiennes**
- Je me réveille.
- Je me lève.
- Je prends une douche.
- Je prends mon petit déjeuner.
- J'arrive au bureau à 9 heures.
- Je déjeune avec mes collègues.
- Je rentre à 20 heures.
- Je me couche à 23 heures.

▶ **Loisirs**
- Faire du tennis
- Faire de la peinture
- Jouer aux jeux vidéo
- Faire de la natation
- Faire du jogging
- Faire du bricolage
- Faire du jardinage
- La lecture

▶ **Logement**
- Une maison
- Un appartement
- Un studio
- Un hôtel
- La chambre
- La salle de bain
- Le salon

▶ **Nombres**
- 10 dix
- 20 vingt
- 21 vingt et un
- 30 trente
- 40 quarante
- 50 cinquante
- 60 soixante
- 70 soixante-dix
- 80 quatre-vingts
- 90 quatre-vingt-dix
- 100 cent
- 1000 mille
- 10000 dix mille
- 1000000 un million

▶ **Poids, mesures, argent**
- Kilo
- Gramme
- Euros
- Centimes
- Pièces
- Billets

▶ **Professions**
- Le professeur / La professeure
- Le / La comptable
- Le plombier / La plombière
- Le / La secrétaire
- L'ingénieur(e)
- L'étudiant(e)
- L'informaticien(ne)
- L'assureur / L'assureure
- Le banquier / La banquière
- L'électricien(ne)
- L'ingénieur(e)
- Le développeur / La développeuse web
- L'avocat(e)

Je suis prêt(e) ?

Les 4 questions à se poser

1. Est-ce que j'utilise les mots adaptés au sujet ?
2. Est-ce que je sais poser des questions ?
3. Est-ce que je connais au moins 10 mots dans chaque liste de cette page ?
4. Est-ce que je sais commander ou acheter un bien ou un service ?

Prêt pour l'examen !

À faire

avant l'examen

- ☐ **réviser** <u>le vocabulaire</u>
  famille, loisirs, école, travail, informations personnelles, description, invitations

- ☐ **réviser** <u>la syntaxe</u>
  – les verbes en -er, masculin et féminin, singulier et pluriel
  – les articles définis et indéfinis, adjectifs possessifs
  – les adjectifs pour décrire le caractère, les couleurs

- ☐ **s'entraîner** à parler <u>à voix haute</u>, s'enregistrer ou travailler en groupe

le jour de l'examen

- ☐ respirer et se détendre
- ☐ faire répéter
- ☐ parler lentement
- ☐ faire des réponses simples avec des mots pour relier vos idées (et, alors, aussi)
- ☐ toujours dire VOUS à l'examinateur et utiliser les formules de politesse

AUTO-ÉVALUATION

Compréhension de l'oral	Oui	Pas toujours	Pas encore
Je peux comprendre les informations chiffrées d'une annonce publique.			
Je peux comprendre un message sur un répondeur avec une information précise.			
Je peux comprendre une publicité, la météo ou un flash info à la radio.			
Je peux comprendre une conversation simple.			
Je peux comprendre des objets cités dans un message court.			

Compréhension des écrits	Oui	Pas toujours	Pas encore
Je peux comprendre un texte informatif court et simple.			
Je peux repérer les informations principales d'une brochure, d'un programme ou d'une publicité.			
Je peux suivre des indications très simples.			
Je peux identifier un événement ou une activité dans un document.			

Production écrite	Oui	Pas toujours	Pas encore
Je peux écrire des informations personnelles dans un formulaire.			
Je peux écrire des messages simples pour raconter des activités, annoncer un événement personnel ou donner des nouvelles.			

Production orale	Oui	Pas toujours	Pas encore
Je peux parler de moi et répondre à des questions personnelles simples.			
Je peux poser des questions personnelles simples pour connaître une personne.			
Je peux demander des informations sur un bien ou un service et je peux acheter des produits.			

Compréhension de l'oral

20 minutes   25 points

Vous allez écouter plusieurs documents. Il y a 2 écoutes.
Avant chaque écoute, vous entendez le son suivant : 🔔.
Dans les exercices 1, 2, 3 et 5, pour répondre aux questions, cochez (☑) la bonne réponse.

Exercice 1   4 points

Lisez les questions. Écoutez le document puis répondez.
Vous écoutez ce message sur votre répondeur téléphonique.

1. Qui est Gilles ?   1 point
A. ☐ Votre ami.   B. ☐ Votre cousin.   C. ☐ Votre directeur.

2. Où est Gilles ?   1 point
A. ☐ À son bureau.   B. ☐ Dans votre ville.   C. ☐ Dans un restaurant.

3. Que devez-vous faire ?   1 point

A. ☐   B. ☐   C. ☐

4. À quelle heure est le rendez-vous ?   1 point
A. ☐ 17 h.   B. ☐ 19 h.   C. ☐ 20 h.

Exercice 2   4 points

Lisez les questions. Écoutez le document puis répondez.
Vous entendez cette annonce dans un magasin.

1. Où faut-il courir ?   1 point

A. ☐   B. ☐   C. ☐

2. Cette annonce est valable...   1 point
A. ☐ entre 14 h et 19 h.   B. ☐ entre 14 h et 16 h.   C. ☐ entre 16 h et 19 h.

3. Où est-ce que vous pouvez avoir un bon pour participer au jeu ? 1 point

A. ☐ B. ☐ C. ☐

4. Quand commence le festival ? 1 point
A. ☐ Aujourd'hui. B. ☐ Demain. C. ☐ Après-demain.

Exercice 3 4 points

Lisez les questions. Écoutez le document puis répondez.
Vous écoutez ce message sur votre répondeur téléphonique.

1. Qui vous laisse ce message ? 1 point
A. ☐ Votre secrétaire. B. ☐ Le secrétaire du médecin. C. ☐ Le secrétaire du directeur.

2. À quelle heure est-ce que vous devez aller au rendez-vous ? 1 point
A. ☐ 8 h. B. ☐ 10 h. C. ☐ 12 h.

3. Le rendez-vous, c'est pour parler de votre accident... 1 point
A. ☐ de lundi. B. ☐ d'hier. C. ☐ de vendredi.

4. Qu'est-ce que vous devez prendre avec vous ? 1 point
A. ☐ Votre ordonnance. B. ☐ Votre pièce d'identité. C. ☐ Votre feuille de visite à l'hôpital.

Exercice 4 8 points

Vous allez entendre quatre petits dialogues correspondant à quatre situations différentes. Il y a 15 secondes de pause après chaque dialogue. Notez, sous chaque image, le numéro du dialogue qui correspond. Puis vous allez entendre à nouveau les dialogues. Vous pouvez compléter vos réponses. Regardez les images. Attention, il y a six images (A, B, C, D, E et F) mais seulement quatre dialogues.

Image A	Image B	Image C

Situation n°	Situation n°	Situation n° ....

Épreuve blanche 1 Option tout public DELF A1

Image D	Image E	Image F
Situation n°	Situation n°	Situation n° ....

Exercice 5 **5 points**  PISTE 92

Vous allez entendre un message. Quels objets sont donnés dans le message ? Vous entendez le nom de l'objet ? Cochez (☑) oui. Sinon, cochez (☑) non. Puis vous allez entendre à nouveau le message. Vous pouvez compléter vos réponses.

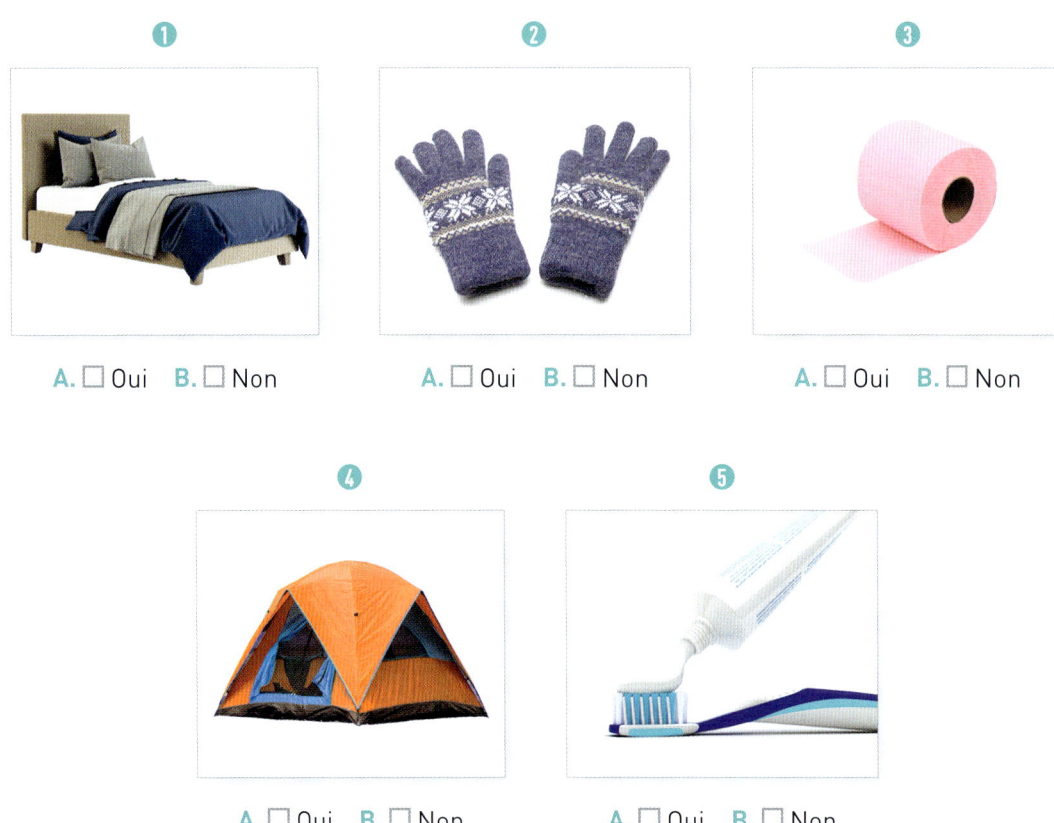

❶ A. ☐ Oui B. ☐ Non

❷ A. ☐ Oui B. ☐ Non

❸ A. ☐ Oui B. ☐ Non

❹ A. ☐ Oui B. ☐ Non

❺ A. ☐ Oui B. ☐ Non

Compréhension des écrits   30 minutes   25 points

Pour répondre aux questions, cochez (☑) la bonne réponse.

Exercice 1   6 points

Vous recevez ce message électronique de votre ami français.

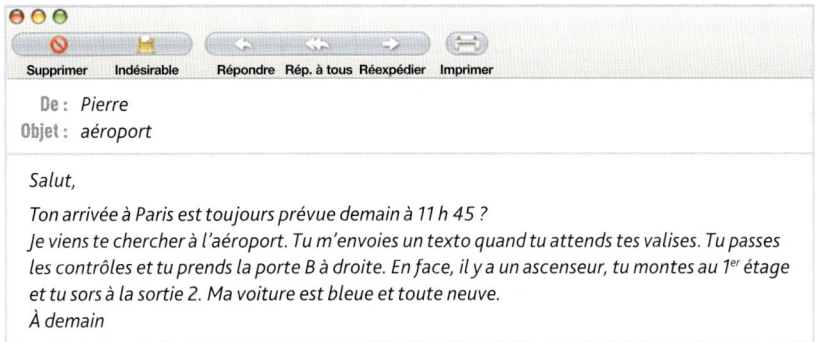

De : Pierre
Objet : aéroport

Salut,
Ton arrivée à Paris est toujours prévue demain à 11 h 45 ?
Je viens te chercher à l'aéroport. Tu m'envoies un texto quand tu attends tes valises. Tu passes les contrôles et tu prends la porte B à droite. En face, il y a un ascenseur, tu montes au 1er étage et tu sors à la sortie 2. Ma voiture est bleue et toute neuve.
À demain

1. À quel moment votre vol arrive ?   1 point
A. ☐ Le matin.   B. ☐ L'après-midi.   C. ☐ Le soir.

2. Qu'est-ce que vous devez faire à votre arrivée ?   1,5 point

A. ☐   B. ☐   C. ☐

3. Où se trouve l'ascenseur ?   1 point
A. ☐ En face de la porte B.   B. ☐ À droite de la porte B.   C. ☐ À droite des escaliers.

4. Quelle sortie est-ce que vous devez prendre ?   1 point
A. ☐ 1.   B. ☐ 2.   C. ☐ 3.

5. Comment est la voiture ?   1,5 point

A. ☐   B. ☐   C. ☐

Exercice 2   6 points

Vous recevez ce message du théâtre de la ville.

Bonjour,
Votre achat en ligne de 4 places pour le concert de samedi prochain est bien annulé. Le délai est trop court pour un remboursement par Internet ou par courrier postal. Vous devez aller sur place avant vendredi.
Attention, l'entrée se trouve rue de la Chancellerie. Bus H arrêt : « Justice ». Prenez tout droit l'avenue de Sceaux et tournez dans la deuxième rue à droite, rue de la Chancellerie. C'est au n° 3.
            Service des remboursements

1. Combien de billets est-ce que vous avez ?   1 point
A. ☐ 3.   B. ☐ 4.   C. ☐ 5.

2. Pourquoi recevez-vous ce message ?   1 point
A. ☐ Pour reporter…
B. ☐ Pour confirmer…   … une réservation.
C. ☐ Pour annuler…

3. Quand a lieu l'événement ?   1 point
A. ☐ Jeudi.   B. ☐ Vendredi.   C. ☐ Samedi.

4. Que devez-vous faire ?   1 point
A. ☐ Venir sur place.   B. ☐ Aller sur Internet.   C. ☐ Envoyer un courrier.

5. Quel est le chemin pour aller à l'entrée du théâtre ?   2 points

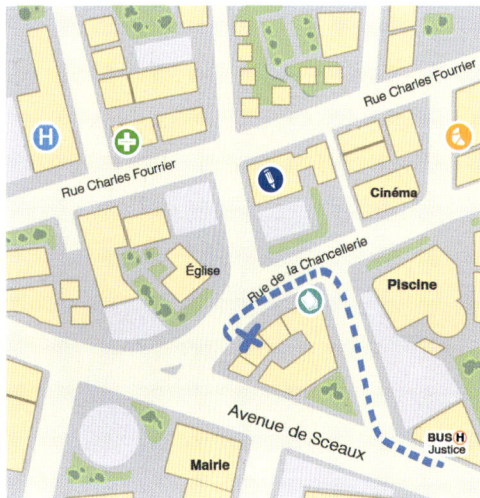

A. ☐

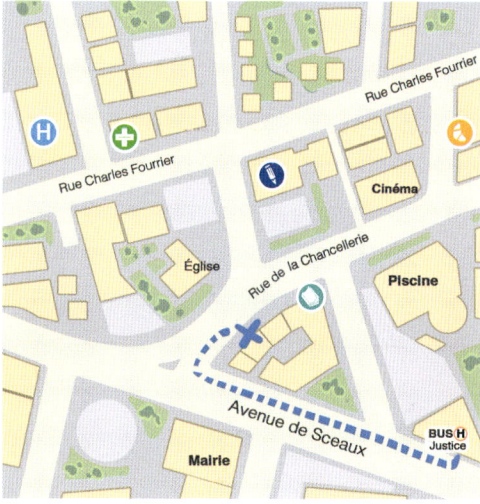

B. ☐

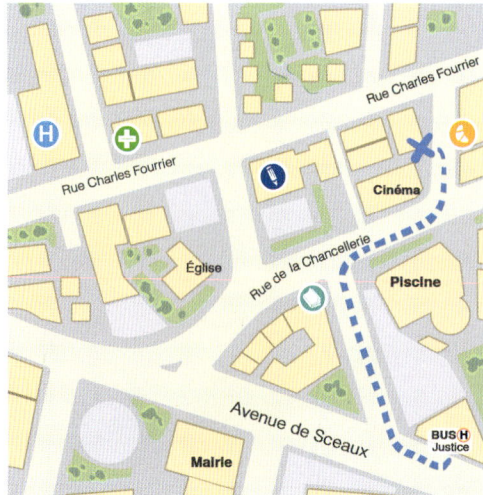

C. ☐

Exercice 3   6 points

Vous commencez votre travail dans une entreprise française. Vous lisez vos messages.

> ✉ nouveau message
> Bienvenue dans l'entreprise ! Rendez-vous à 10 h 30 pour la pause-café. Vous allez rencontrer tous les collègues.

> ✉ nouveau message
> Bonjour, je suis votre directeur. Je vous propose de déjeuner ensemble à 12 h 30. À tout à l'heure.

> ✉ nouveau message
> Invitation : réunion du département de 11 h 30 à 12 h 30. Salle A103 au 1er étage.

> ✉ nouveau message
> Attention, le parking 1 est fermé pendant 2 mois. Vous pouvez utiliser le parking des visiteurs. C'est le parking 3.

> ✉ nouveau message
> Information importante : la salle du matériel (feuilles, stylos…) est au 3e étage. Au 2e étage, dans l'ancienne salle, c'est maintenant un bureau.

1. Quels sont les horaires de la réunion de votre département ?   1,5 point
A. ☐ De 10 h 30 à 11 h 30.   B. ☐ De 10 h 30 à 12 h 30.   C. ☐ De 11 h 30 à 12 h 30.

2. À quelle heure est-ce que vous pouvez parler à vos collègues ?   1 point
A. ☐ À 9 h 30.   B. ☐ À 10 h 30.   C. ☐ À 12 h 30.

3. Avec qui est-ce que vous déjeunez pour votre premier jour ?   1 point
A. ☐ Avec le directeur.
B. ☐ Avec tous les collègues.
C. ☐ Avec le directeur et tous les collègues.

4. Pendant combien de temps est-ce que le parking des employés est fermé ?   1,5 point
A. ☐ 1 mois.   B. ☐ 2 mois.   C. ☐ 3 mois.

5. Où est-ce que vous devez aller pour prendre des cahiers et des stylos ?   1 point
A. ☐ Au 1er étage.   B. ☐ Au 2e étage.   C. ☐ Au 3e étage.

Exercice 4   7 points

Vous lisez cet article dans un journal.

Quel cadeau pour la Saint-Valentin ?

Dans de nombreux pays, le jour de la Saint-Valentin est la fête des amoureux. Tous les couples s'envoient des mots d'amour.
En Inde, on offre des fleurs à sa belle-mère.
Au Japon, les femmes offrent des chocolats à leur patron.
En France, on aime aller dîner en couple dans un bon restaurant.

Les cadeaux qui remportent le plus de succès sont :
– en premier du parfum,
– en deuxième un bijou,
– et enfin des fleurs.

Et si vous êtes célibataire, pensez au cinéma, seul ou avec des amis !

Épreuve blanche 1 Option tout public DELF A1

1. Pour la Saint-Valentin, qu'est-ce que tous les couples font ?   1 point
A. ☐ Rester à la maison.   B. ☐ Aller au restaurant.   C. ☐ S'écrire des mots d'amour.

2. Au Japon, qu'est-ce qu'on offre à son directeur ?   2 points

A. ☐   B. ☐   C. ☐

3. En France, qu'est-ce qu'on fait pour la Saint-Valentin ?   1 point
A. ☐ Aller au cinéma.   B. ☐ Aller dans un parc.   C. ☐ Aller au restaurant.

4. Quel est l'objet le plus vendu pour cette fête ?   1,5 point
A. ☐ Un bijou.   B. ☐ Des fleurs.   C. ☐ Du parfum.

5. L'article propose aux célibataires d'aller…   1,5 point
A. ☐ au cinéma.   B. ☐ au restaurant.   C. ☐ chez des amis.

Production écrite

30 minutes — 25 points

Exercice 1 — 10 points

Vous remplissez un formulaire d'abonnement à une salle de sport.

VOTRE FICHE D'ABONNEMENT

Nom : XXX

Prénom : .... 1 point

Date de naissance : .... 1 point

Nationalité : .... 1 point

Adresse électronique : .... 1 point

Numéro de téléphone : .... 1 point

Sport pratiqué : .... 1 point

Durée de l'abonnement : .... 1 point

Jour préféré : .... 1 point

Nombre de séances par semaine : .... 1 point

N° de tél d'un médecin : .... 1 point

Exercice 2 — 15 points

Vous recevez une carte de vos amis français. Vous répondez à vos amis. Vous leur présentez vos vœux et vous les invitez à venir dans votre ville. Vous proposez des dates et des activités à faire ensemble. (40 mots minimum)

....

....

....

Épreuve blanche 1 Option tout public DELF A1

Production orale

5 à 7 minutes   25 points

Préparation : 10 minutes   Passation : 5 à 7 minutes

L'épreuve comporte trois parties. Avant le début de l'épreuve, vous tirez au sort six cartes pour la partie 2 et deux sujets pour la partie 3. Vous choisissez un des deux sujets pour la partie 3. Ensuite, vous disposez de 10 minutes pour préparer ces deux parties. Lors de la passation, les trois parties s'enchaînent.

Partie 1 Entretien dirigé   sans préparation   1 minute environ

Vous répondez aux questions de l'examinateur sur vous, votre famille, vos goûts ou vos activités.
- Comment s'appellent vos frères et sœurs ?
- Quels animaux est-ce que vous avez ? Comment ils s'appellent ?
- Quel type de film est-ce que vous regardez ?
- Quel est votre livre préféré ?
- Qu'est-ce que vous faites le samedi ?

Partie 2 Échange d'informations   avec préparation   2 minutes environ

Vous voulez connaître l'examinateur. Vous lui posez des questions à l'aide des mots écrits sur les cartes. Vous ne devez pas obligatoirement utiliser le mot, vous pouvez poser une question sur le thème.

| Frère ? | Musique ? | Cadeau ? | Âge ? | Voyage ? | Marié ? |
| Ordinateur ? | Forêt ? | Diplôme ? | Chef ? | Langues ? | Études ? |

Partie 3 Dialogue simulé ou jeu de rôle   avec préparation   2 minutes environ

Vous tirez au sort deux sujets. Vous en choisissez un. Vous jouez la situation proposée.
Vous vous informez sur le prix des produits que vous voulez acheter ou commander. Vous demandez les quantités souhaitées. Pour payer, vous disposez de photos de pièces de monnaie et de billets. N'oubliez pas de saluer et d'utiliser des formules de politesse.

Sujet 1 À la boulangerie

Vous êtes en France. Vous allez à la boulangerie. Vous demandez des informations au vendeur. Vous choisissez trois produits et vous payez. *L'examinateur joue le rôle du vendeur.*

Sujet 2 Dans une parfumerie

Vous êtes en France. Vous voulez faire un cadeau à une amie. Vous demandez au vendeur des informations sur deux ou trois articles. *L'examinateur joue le rôle du vendeur.*

Sujet 3 À la pharmacie

Vous avez du mal à dormir. Vous allez à la pharmacie et demandez un médicament pour vous aider. *L'examinateur joue le rôle du pharmacien.*

  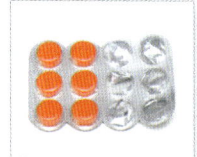 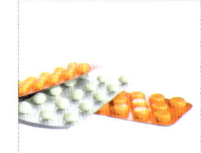

Épreuve blanche 2 Option tout public DELF A1

Compréhension de l'oral   20 minutes   25 points

Vous allez écouter plusieurs documents. Il y a 2 écoutes.
Avant chaque écoute, vous entendez le son suivant : 🔔.
Dans les exercices 1, 2, 3 et 5, pour répondre aux questions, cochez (☑) la bonne réponse.

Exercice 1   4 points

Lisez les questions. Écoutez le document puis répondez.
Vous écoutez ce message sur votre répondeur téléphonique.

1. Quel jour est-ce que Cyril vous propose d'aller au cinéma ?   1 point
A. ☐ Mercredi.   B. ☐ Jeudi.   C. ☐ Vendredi.

2. Où est-ce que vous pouvez voir le programme ?   1 point
A. ☐ À l'entrée du cinéma.   B. ☐ Dans le message de Cyril.   C. ☐ Sur le site internet du cinéma.

3. Qu'est-ce que vous devez faire ?   1 point
A. ☐ Aller chez Cyril.   B. ☐ Téléphoner à Cyril.   C. ☐ Envoyer un message à Cyril.

4. Quel souvenir est-ce que Cyril va acheter ?   1 point

A. ☐   B. ☐   C. ☐

Exercice 2   4 points

Lisez les questions. Écoutez le document puis répondez.
Vous entendez cette publicité à la radio.

1. Quelle est la fête ce week-end ?   1 point
A. ☐ La fête des pères.   B. ☐ La fête des mères.   C. ☐ La fête des grands-mères.

2. La réduction sur les produits est de combien ?   1 point
A. ☐ 10 %.   B. ☐ 15 %.   C. ☐ 25 %.

3. Quel cadeau est-ce que vous pouvez trouver dans le magasin ?   1 point

A. ☐   B. ☐   C. ☐

4. Qu'est-ce qui coûte 25 euros ? 1 point

A. ☐ B. ☐ C. ☐

Exercice 3 — 4 points

**Lisez les questions. Écoutez le document puis répondez.
Vous écoutez le message suivant au travail.**

1. Où est le restaurant du personnel ? 1 point
A. ☐ Rue Napoléon.   B. ☐ Rue Léon Blum.   C. ☐ Rue Louis Pasteur.

2. Quel est le numéro pour appeler le service informatique ? 1 point
A. ☐ 6008.   B. ☐ 6600.   C. ☐ 6806.

3. Quand est-ce que l'entreprise ferme ? 1 point
A. ☐ En septembre.   B. ☐ En novembre.   C. ☐ En décembre.

4. Pourquoi est-ce que vous devez aller au service du personnel ? 1 point
A. ☐ Pour prendre votre contrat.
B. ☐ Pour rencontrer le personnel.
C. ☐ Pour avoir un ordinateur portable.

Exercice 4 — 8 points

Vous allez entendre quatre petits dialogues correspondant à quatre situations différentes. Il y a 15 secondes de pause après chaque dialogue. Notez, sous chaque image, le numéro du dialogue qui correspond. Puis vous allez entendre à nouveau les dialogues. Vous pouvez compléter vos réponses. Regardez les images. Attention, il y a six images (A, B, C, D, E et F) mais seulement quatre dialogues.

Image A — Situation n° ....
Image B — Situation n° ....
Image C — Situation n° ....

Épreuve blanche 2 Option tout public DELF A1

Image D	Image E	Image F
Situation n°	Situation n°	Situation n° ....

Exercice 5   **5 points**

Vous allez entendre un message. Quels objets sont donnés dans le message ? Vous entendez le nom de l'objet ? Cochez (☑) oui. Sinon, cochez (☑) non. Puis vous allez entendre à nouveau le message. Vous pouvez compléter vos réponses.

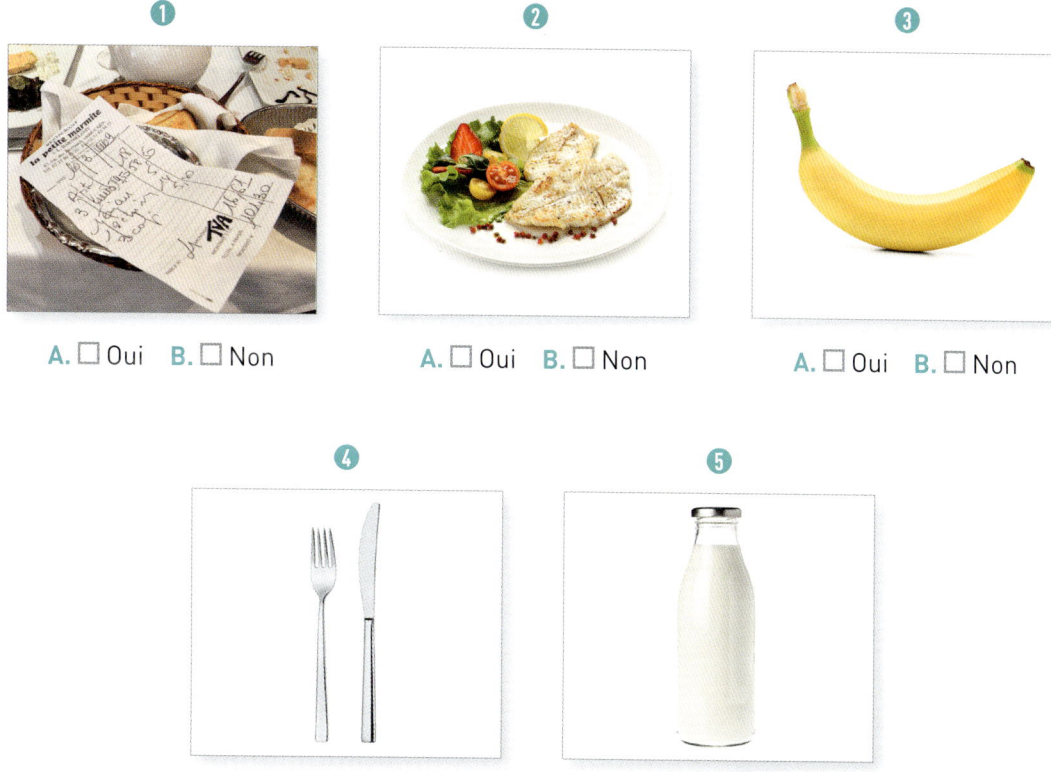

❶ A. ☐ Oui B. ☐ Non

❷ A. ☐ Oui B. ☐ Non

❸ A. ☐ Oui B. ☐ Non

❹ A. ☐ Oui B. ☐ Non

❺ A. ☐ Oui B. ☐ Non

Compréhension des écrits

30 minutes — 25 points

Pour répondre aux questions, cochez (☑) la bonne réponse.

Exercice 1 — 6 points

Vous recevez cette invitation.

> Nous sommes heureux de vous inviter à notre mariage.
> C'est le 21 juin.
> Vous avez rendez-vous à 14 h 30 à la mairie.
> La cérémonie à l'église est à 15 h 30.
> Pour aller de la mairie à l'église, il faut marcher tout droit
> de la place de la mairie à la rue Leclerc.
> Nos parents offrent le champagne à 16 h 30
> dans la salle des Deux Colombes.
> Merci de nous répondre avant le 20 avril.
> *Gisela et Yves*

1. Gisela et Yves vous invitent à leur… — 1,5 point

A. ☐   B. ☐   C. ☐

2. À quelle heure est-ce que vous devez aller à la mairie ? — 1 point
A. ☐ À 14 h 30.   B. ☐ À 15 h 30.   C. ☐ À 16 h 30.

3. Quel est le chemin pour aller à l'église ? — 1 point
A. ☐ Tout droit, de la mairie à la salle.
B. ☐ Tout droit, de la rue Leclerc à l'église.
C. ☐ Tout droit, de la mairie à la rue Leclerc.

4. Qu'est-ce que les parents vont offrir ? — 1,5 point

A. ☐   B. ☐   C. ☐

5. Vous devez envoyer votre réponse avant quelle date ? — 1 point
A. ☐ Le 20 avril.   B. ☐ Le 21 mai.   C. ☐ Le 21 juin.

Exercice 2 6 points

Vous lisez cette affiche à l'entrée d'une zone commerciale.

Nouveau magasin : PLANTES et FLEURS

Au rez-de-chaussée, retrouvez les petites plantes.
Les grandes plantes sont à l'extérieur, à l'entrée du magasin.

Au 1ᵉʳ étage, ce sont les fleurs. Vous choisissez les fleurs
et nos 2 vendeurs préparent les bouquets.

Pour la 1ʳᵉ semaine d'ouverture, chaque client reçoit une rose !

Direction Plantes et Fleurs :
prenez la 2ᵉ rue à droite. Ensuite, prenez la 1ʳᵉ rue à gauche.

Nous sommes en face de la boulangerie.

1. Qu'est-ce que vous trouvez devant le magasin ? 1 point
A. ☐ Les petites plantes.   B. ☐ Les grandes plantes.   C. ☐ Des plantes et des fleurs.

2. Où sont les fleurs ? 1 point
A. ☐ Au rez-de-chaussée.   B. ☐ Au 1ᵉʳ étage.   C. ☐ Au 2ᵉ étage.

3. Qu'est-ce que les vendeurs peuvent faire ? 1 point
A. ☐ Préparer des bouquets de fleurs.
B. ☐ Choisir des fleurs pour les clients.
C. ☐ Donner un bouquet à chaque client.

4. Qu'est-ce qu'il y a pendant la première semaine ? 1 point
A. ☐ Le magasin donne une rose à chaque client.
B. ☐ Le magasin donne un bouquet à chaque client.
C. ☐ Le magasin donne une rose avec chaque plante.

5. Quel est le chemin pour aller au magasin ? 2 points

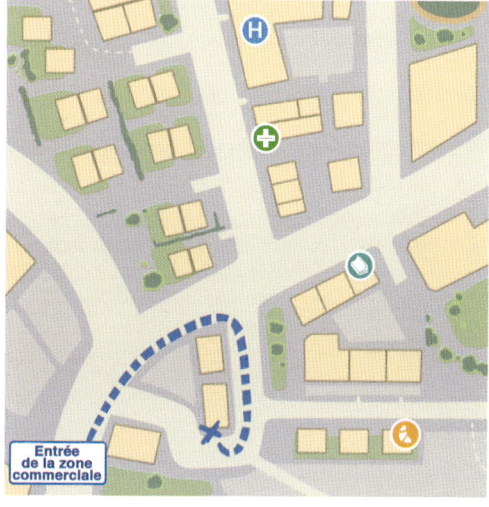

A. ☐

B. ☐

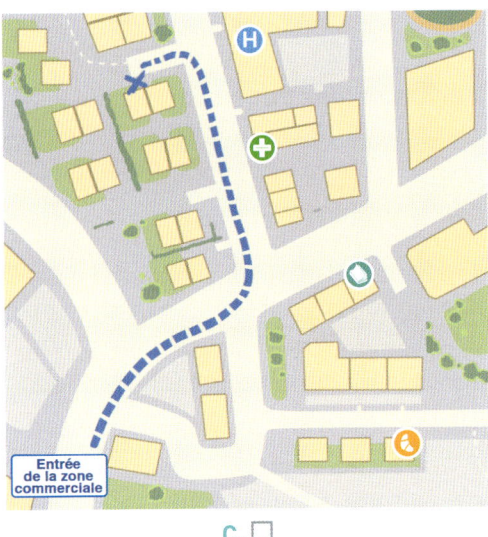

C. ☐

Exercice 3 6 points

Vous travaillez en France. Vous lisez ces annonces à l'entrée de votre entreprise.

Les cours d'anglais avec Samia commencent le 15 septembre. C'est en salle 12 au 1er étage.

Pour la commande de votre matériel papier, allez dans le bureau de Sophie au 2e étage.

Formation en informatique en novembre !
Tous les lundis à 9 h.
Programme de décembre : travail sur l'écriture de messages.

Pour aller au musée, notre entreprise vous donne une carte avec 10 % de réduction. Profitez-en !

Fête de Julien pour ses 10 ans dans l'entreprise !
C'est jeudi dans la salle café à 10 h 30.

1. En novembre, on vous propose de travailler…   1 point
A. ☐ l'anglais.   B. ☐ les messages.   C. ☐ l'informatique.

2. À quelle heure est la fête jeudi ?   1,5 point
A. ☐ 9 h.   B. ☐ 10 h.   C. ☐ 10 h 30.

3. Qui est le professeur d'anglais ?   1 point
A. ☐ Julien.   B. ☐ Samia.   C. ☐ Sophie.

4. Pour visiter un musée, l'entreprise propose une réduction de…   1,5 point
A. ☐ 10 %.   B. ☐ 12 %.   C. ☐ 15 %.

5. Au 2e étage, vous pouvez commander…   1 point
A. ☐ un cahier.   B. ☐ un bureau.   C. ☐ un ordinateur.

Épreuve blanche 2 Option tout public DELF A1

Exercice 4   7 points

Vous étudiez en France. Vous lisez ce message sur le site internet de l'université.

NOUVELLE SALLE INFORMATIQUE

Mercredi, le président de l'université va présenter la nouvelle salle informatique. Il y a 55 ordinateurs pour les étudiants et 10 ordinateurs pour les professeurs. C'est aussi une salle pour étudier les langues étrangères. L'ordinateur permet de travailler la compréhension orale. Le responsable de la salle est présent du lundi au jeudi à partir de 8 h. Le vendredi, la salle est fermée. La nourriture et les boissons sont interdites dans la salle. Les étudiants peuvent venir faire leurs devoirs en groupes. Des ordinateurs portables sont disponibles pour les cours.

1. Qui est présent mercredi dans la salle ? *1 point*
A. ☐ Le président de l'université.
B. ☐ Les professeurs de l'université.
C. ☐ Tous les étudiants de l'université.

2. Avec les ordinateurs, qu'est-ce qu'on peut travailler ? *1,5 point*
A. ☐ La production orale.   B. ☐ La compréhension orale.   C. ☐ La compréhension écrite.

3. Quand est-ce que le responsable est présent ? *1 point*
A. ☐ Du lundi au jeudi.   B. ☐ Du lundi au vendredi.   C. ☐ Du lundi au samedi.

4. Dans la salle, il est interdit de… *1,5 point*
A. ☐ manger et boire.   B. ☐ faire ses devoirs.   C. ☐ parler à voix haute.

5. Qu'est-ce que vous pouvez avoir pour les cours ? *2 points*

A. ☐   B. ☐   C. ☐

Production écrite

30 minutes | 25 points

Exercice 1 — 10 points

Vous arrivez à l'hôtel en France. Vous remplissez ce formulaire.

Nom :	XXX
Prénom :	1 point
Date de naissance :	1 point
Ville de naissance :	1 point
Nationalité :	1 point
Adresse électronique :	1 point
Situation familiale :	1 point
Date d'arrivée :	1 point
Date de départ :	1 point
Plat préféré :	1 point
Numéro de chambre :	1 point

Exercice 2 — 15 points

Vous écrivez à un(e) ami(e) français(e). Vous parlez de vos vacances en France. Vous dites où vous êtes et vous parlez de vos activités. (40 mots minimum)

Production orale

5 à 7 minutes | **25 points**

Préparation : 10 minutes   Passation : 5 à 7 minutes

L'épreuve comporte trois parties. Avant le début de l'épreuve, vous tirez au sort six cartes pour la partie 2 et deux sujets pour la partie 3. Vous choisissez un des deux sujets pour la partie 3. Ensuite, vous disposez de 10 minutes pour préparer ces deux parties. Lors de la passation, les trois parties s'enchaînent.

Partie 1 — Entretien dirigé   sans préparation   1 minute environ

Vous répondez aux questions de l'examinateur sur vous, votre famille, vos goûts ou vos activités.
- Comment s'appellent vos parents ?
- Qu'est-ce que vous faites le soir ?
- Qu'est-ce que vous mangez le midi ?
- Quelle musique est-ce que vous écoutez ?
- Quel est votre sport préféré ?

Partie 2 — Échange d'informations   avec préparation   2 minutes environ

Vous voulez connaître l'examinateur. Vous lui posez des questions à l'aide des mots écrits sur les cartes. Vous ne devez pas obligatoirement utiliser le mot, vous pouvez poser une question sur le thème.

| Poisson ? | Voiture ? | Lunettes ? | Messages ? | Juin ? | Nationalité ? |
| Bleu ? | Enfant ? | Dimanche ? | Vacances ? | Parc ? | Film ? |

Partie 3 — Dialogue simulé ou jeu de rôle   avec préparation   2 minutes environ

Vous tirez au sort deux sujets. Vous en choisissez un. Vous jouez la situation proposée.
Vous vous informez sur le prix des produits que vous voulez acheter ou commander. Vous demandez les quantités souhaitées. Pour payer, vous disposez de photos de pièces de monnaie et de billets. N'oubliez pas de saluer et d'utiliser des formules de politesse.

Sujet 1 — Au magasin de vêtements
Vous êtes en France. Vous allez dans un magasin de vêtements. Vous demandez des informations sur les couleurs et les tailles au vendeur. Vous demandez les prix. Vous choisissez un vêtement et vous payez. *L'examinateur joue le rôle du vendeur.*

Sujet 2 — Au restaurant
Vous êtes en vacances en France. Vous allez au restaurant pour manger. Vous demandez des informations sur le menu au serveur. Vous choisissez les plats et vous payez. *L'examinateur joue le rôle du serveur.*

Sujet 3 — À la papeterie
Vous êtes à l'université en France. Vous allez dans une papeterie pour acheter votre matériel. Vous demandez des informations au vendeur. Vous prenez des produits et vous payez. *L'examinateur joue le rôle du vendeur.*

COMMENT LA PRODUCTION ÉCRITE A1 EST ÉVALUÉE ?

Les correcteurs habilités sont dotés d'une grille pour évaluer l'exercice 2 de production écrite.

Il y a **5 critères** pour évaluer plusieurs compétences.

Compétence pragmatique : les correcteurs vérifient si le candidat est capable d'écrire un message simple qui répond à la consigne ; ils vérifient également si le candidat peut produire des phrases simples et les relier avec des connecteurs élémentaires.

Compétence sociolinguistique : les correcteurs vérifient si le candidat peut utiliser les formules de politesse élémentaires et adapter sa production à la situation.

Compétence linguistique : les correcteurs vérifient si le candidat est capable d'utiliser un répertoire de mots adéquats à la situation, d'orthographier correctement les mots appartenant à son répertoire élémentaire et d'utiliser correctement des structures syntaxiques et des formes grammaticales simples.

Si la production du candidat ne respecte pas la consigne, s'il n'écrit pas suffisamment de mots ou s'il ne complète pas l'exercice, les correcteurs cochent une « anomalie » et suivent les instructions indiquées dans la grille.

Critères		Niveau de performance			
		Non répondu ou production insuffisante	En dessous du niveau ciblé	Au niveau ciblé	
				A1	A1+
Compétence pragmatique	Réalisation de la tâche	☐ 0	☐ 0,5	☐ 2	☐ 3
	Cohérence et cohésion	☐ 0	☐ 0,5	☐ 2	☐ 3
Compétence sociolinguistique	Adéquation sociolinguistique	☐ 0	☐ 0,5	☐ 2	☐ 3
Compétence linguistique	Lexique	☐ 0	☐ 0,5	☐ 2	☐ 3
	Morphosyntaxe	☐ 0	☐ 0,5	☐ 2	☐ 3
Anomalies exercice 2	*Si la production contient des anomalies, veuillez cocher la ou les cases correspondantes :* ☐ Hors-sujet thématique : le candidat ne peut pas être identifié « A1+ » pour les critères « réalisation de la tâche » et « lexique ». ☐ Hors-sujet discursif : le candidat ne peut être identifié ni « A1 » ni « A1+ » pour les critères « réalisation de la tâche » et « cohérence et cohésion ». ☐ Hors-sujet complet (thématique et discursif) : attribuez la note 0 aux critères « réalisation de la tâche », « cohérence et cohésion » et « adéquation sociolinguistique ». Le candidat ne peut être identifié ni « A1 » ni « A1+ » pour les critères « lexique » et « morphosyntaxe ». ☐ Copie blanche : attribuez 0 à l'ensemble des critères de cet exercice. ☐ Manque de matière évaluable : si le candidat produit moins de 50 % du nombre de mots attendus (soit 19 mots ou moins), attribuez 0 à l'ensemble des critères de cet exercice.				

COMMENT LA PRODUCTION ORALE A1 EST ÉVALUÉE ?

Les examinateurs habilités sont dotés d'une grille pour évaluer l'épreuve de production orale.

Il y a **6 critères** pour évaluer plusieurs compétences.

Compétences pragmatique et sociolinguistique : les examinateurs vérifient si le candidat peut se présenter et parler de sa vie quotidienne ; ils vérifient également si le candidat est capable de poser des questions, d'établir et de gérer un échange social court en utilisant les formes de politesse les plus fréquentes.

Compétence linguistique : les examinateurs vérifient si le candidat est capable d'utiliser un répertoire de mot adéquats à la situation et d'utiliser correctement des structures syntaxiques et des formes grammaticales simples ; ils vérifient également si le candidat peut prononcer correctement un répertoire d'expressions simples et de mots familiers.

		Niveau de performance			
		Non répondu ou production insuffisante	En dessous du niveau ciblé	Au niveau ciblé	
Critères				**A1**	**A1+**
Compétences pragmatique et sociolinguistique	Réalisation de la tâche : entretien dirigé (1 minute environ)	☐ 0	☐ 1	☐ 2,5	☐ 4
	Réalisation de la tâche : échange d'informations (2 minutes environ)	☐ 0	☐ 1	☐ 2,5	☐ 4
	Réalisation de la tâche : dialogue simulé (2 minutes environ)	☐ 0	☐ 1	☐ 2,5	☐ 4
Compétence linguistique (pour les trois parties de l'épreuve)	Lexique	☐ 0	☐ 1	☐ 3	☐ 5
	Morphosyntaxe	☐ 0	☐ 1	☐ 2,5	☐ 4
	Maîtrise du système phonologique	☐ 0	☐ 1	☐ 2,5	☐ 4

TRANSCRIPTIONS

Compréhension de l'oral

Activité 1, p. 12, PISTE 1

1. Bonjour. C'est Virginie. Tu veux aller à la piscine mercredi après-midi ? Tu peux venir avec Julie. J'attends ton appel. À bientôt.
2. Salut, c'est Anne. Avec Laura, nous allons au cinéma samedi pour voir le nouveau film de Josiane Balasko. Est-ce que tu veux venir ? Rappelle-moi !
3. Bonjour. J'organise la fête d'anniversaire de Luigi. C'est le samedi 24 septembre. Est-ce que tu es disponible ? Appelle-moi ! Ah, au fait, c'est Vincent. À bientôt.

Activité 2, p. 12, PISTE 2

1. Salut, c'est Adrien. Samedi, c'est mon anniversaire. Je t'invite au restaurant. Si tu es d'accord, rendez-vous à 19 h chez moi. Tu peux venir avec Amandine !
2. Bonjour, c'est moi, Valérie. Je suis devant le musée. J'attends Isabelle. Elle est en retard. Tu es toujours d'accord pour le rendez-vous de 16 h avec Juliette ? À tout à l'heure.
3. Allô ? C'est Louis. On peut aller se promener dans la forêt dimanche s'il fait beau. Charlie est d'accord. Et j'invite Pierre, un ami du club de tennis. Rappelle-moi !

Activité 3, p. 12, PISTE 3

1. C'est Valentin. Il y a une nouvelle exposition au musée des sciences. Mardi, je vais au théâtre. Est-ce que tu veux venir avec moi voir l'exposition mercredi ?
2. Allô ? C'est Léa. Je t'appelle pour te dire que le film est à 16 h 30. Est-ce que tu peux acheter les billets ? Je fais des courses et j'arrive. Merci !
3. Salut. C'est Diana. Est-ce que tu peux apporter un gâteau à la fête d'anniversaire de Samuel ? Moi, j'apporte des boissons. Merci !

Activité 4, p. 12, PISTE 4

1. Bonjour, c'est Martine. Alors, pour la fête de samedi, tu dois apporter un jus de fruits. Nicole apporte un gâteau et moi, une salade. À samedi !
2. Salut ! C'est Jean-Luc. J'ai les billets pour le concert de vendredi. Tu peux venir avec Sophie. Moi, j'invite Brigitte. À vendredi !
3. Oui, c'est Marc. Écoute, je suis disponible jeudi pour jouer au football. Mercredi, je vois Alberto. Est-ce que tu es d'accord pour jeudi alors ?

Activité 5, p. 13, PISTE 5

1. Mes deux frères et moi, nous allons au parc cet après-midi. Est-ce que tu veux venir ?
2. Marc et Sophie viennent à la fête. Maintenant, il y a 16 personnes sur la liste !
3. Est-ce que tu peux acheter 10 tomates pour le repas de ce soir ? Merci !

Activité 6, p. 13, PISTE 6

1. C'est Alexandre. Je suis au magasin et j'achète deux kilos et demi de pommes de terre. Est-ce que c'est bien ça ?
2. J'ai vingt et une paires de chaussures. C'est beaucoup !
3. Je veux entrer dans ce magasin. Il y a 75 % de réduction !

Activité 7, p. 13, PISTE 7

– Je suis né le 28 août 1978. Et toi Audrey ?
– Moi ? Le 1er mars 1982.
– Tu es plus jeune que moi. Et toi Alexandra ?
– Je suis née la même année, le 30 mai 1982.

Activité 8, p. 13, PISTE 8

1. Allô ? C'est Sylvain. Rappelez-moi. Mon numéro est le 06.41.12.71.39.
2. Bonjour. C'est Robert. Peux-tu me rappeler au 03.21.96.55.41 ? Merci.
3. Notez mon numéro de téléphone : 04.83.72.11.29.

Activité 9, p. 13, PISTE 9

1. Bonjour. Pouvez-vous me rappeler au 01.47.72.33.09 ? Merci.
2. Le numéro de téléphone de la direction est le 03.20.90.01.00.
3. Peux-tu appeler Julia sur son téléphone portable ? C'est le 06.09.77.50.11.

Activité 10, p. 13, PISTE 10

1. Salut, c'est Pauline. Dimanche, je vais à la piscine. Est-ce que tu veux venir avec moi ?
2. Allô ? Tu m'entends ? C'est Julien. On va au cinéma ce soir ? Dis-moi oui !

3. Bonjour ! C'est moi, Julie. J'ai les billets de théâtre. On se retrouve à l'entrée avec Bastien ?

Activité 11, p. 14, PISTE 11

1. Oui, c'est Jacques. Alors, samedi, je ne travaille pas au magasin de moto. On peut aller au parc faire du vélo. Après, on peut faire des crêpes chez moi. Appelle-moi !
2. Salut ! C'est Clara. Tu es toujours d'accord pour aller au centre commercial acheter un pantalon ? Toi, tu veux une chemise, c'est ça ? Rendez-vous à 11 h !
3. Salut ! C'est Lucie. Samedi, on peut aller au marché pour acheter les fruits. Mais pour les boissons, on va au magasin. D'accord ? Appelle-moi !

Activité 12, p. 14, PISTE 12

1. Pour vos vacances, prenez un billet de train et allez à la mer. Dans votre valise, mettez une serviette et des lunettes de soleil !
2. Vous voulez voir des animaux ? Visitez les forêts de notre région. Dans les arbres, cherchez les petits animaux. Il y a aussi beaucoup de champs avec des vaches.
3. Pour visiter la ville, prenez le bus touristique. Achetez un ticket au musée et montez dans le bus. Regardez les grands immeubles et les boulevards. C'est magnifique !

Activité 13, p. 14, PISTE 13

1. Salut ! C'est Sébastien. Est-ce que tu es chez toi ? Je te téléphone pour le rendez-vous de mardi. On se retrouve chez moi à midi, d'accord ? À mardi !
2. C'est Sountou. Tu viens avec moi au marché ? Si tu es d'accord, rendez-vous devant le marché à 10 h. Et on va au restaurant aussi ? Appelle-moi !
3. Salut ! Je fais des courses au centre commercial. Il y a des réductions au magasin Dupont. Viens tout de suite ! Je t'attends à l'entrée du magasin.

Activité 14, p. 14, PISTE 14

1. Demain, il fait beau ! Soleil sur toute la France avec des températures agréables.
2. Attention ! Demain, dimanche, de la neige dans le nord avec, donc, des températures très basses.
3. Aujourd'hui, n'oubliez pas votre manteau. De la pluie au nord, à l'est, à l'ouest et au centre !
4. Attention ! Beaucoup de nuages dans le nord de la France et des orages importants dans le sud.

Activité 15, p. 15, PISTE 15

1. Après la pluie et les températures basses, enfin 18 degrés à Paris !
2. N'oubliez pas votre manteau, votre écharpe et vos gants ! Seulement 4 degrés à Lille !
3. Aujourd'hui, un climat agréable avec 15 degrés à Paris, 19 degrés à Lyon et 23 degrés à Bordeaux.

Activité 16, p. 15, PISTE 16

1. Nouveau magasin de vêtements dans le centre-ville. Grande inauguration avec 25 % de réduction jeudi de 10 h à 18 h. Allez-y !
2. Beaucoup de voitures sur les routes ce matin. Attention ! Prenez les transports en commun et laissez votre voiture chez vous.
3. Aujourd'hui, il y a des millions d'animaux domestiques en France. Ce sont surtout des chiens, des chats et des oiseaux. Et vous ? Quel animal avez-vous ?

Activité 17, p. 15, PISTE 17

1. Samedi, devant la mairie, une grande exposition est organisée par l'association du village. Pour toute information supplémentaire, je vous rappelle que les bureaux de l'association sont au numéro 35 du boulevard Victor Hugo.
2. Le directeur de l'entreprise des biscuits LOLO va à l'école Jules Ferry aujourd'hui pour rencontrer les élèves et présenter les activités de son entreprise. Il va offrir des biscuits aux enfants et aux professeurs, c'est sûr !
3. Au marché, les nouveaux fruits de la saison sont arrivés. Il y a des pommes et des bananes ! Et grosse réduction sur les salades. Le marché, c'est le samedi de 8 h à 13 h sur la place du village.

Activité 18, p. 16, PISTE 18

1. Le chanteur Kendji Girac est à Toulouse pour un grand concert. Aujourd'hui, vendredi 22 avril, Kendji Girac est avec nous. Son concert est à 20 h, ce soir, dans la salle Gainsbourg.
2. Le cinéma Terre'in présente le nouveau film de Luc Besson avec la présence des acteurs. C'est ce soir. Vous pouvez acheter les billets sur le site internet du cinéma.
3. La poste est fermée ! Vous ne pouvez plus envoyer de colis pendant les vacances. Mais la boîte aux lettres est toujours disponible. Vous pouvez donc envoyer vos lettres pendant les vacances.

Activité 19, p. 15, PISTE 19

1. Oui, c'est Brigitte. Je suis avec Catherine. On mange. Est-ce que tu viens au concert samedi ? Appelle-moi ! À bientôt.
2. Salut, c'est Samuel. Je mange chez Amélie et on se demande comment s'appelle ton école de théâtre. Rappelle-nous. Merci !
3. Allô ! C'est Lucie. Je suis à la caisse. Est-ce que j'achète de la viande pour ce soir ? Appelle-moi vite ! Bisous.

Activité 20, p. 16, PISTE 20

1. Mesdames, Messieurs. Nous vous rappelons que le poids maximum des bagages à main est de 12 kg. Les autres bagages doivent être enregistrés avant de monter dans l'avion. Merci.
2. Mesdames, Messieurs. Tous nos trains ont un bar pour acheter des boissons et des biscuits pendant votre voyage. Merci de votre attention et bon voyage.
3. Mesdames, Messieurs. Les quais 3 et 5 sont exceptionnellement fermés. Tous les trains partent des quais 2 et 4. Merci de votre attention.

Activité 21, p. 16, PISTE 21

1. C'est une grande maison !
2. C'est une grande maison ?
3. C'est une grande maison.
4. Le voyage est long ?
5. Le voyage est long.
6. Le voyage est long !

Activité 22, p. 16, PISTE 22

1. Allô ? C'est Rachida. Je t'appelle pour te dire que je ne peux pas venir ce soir. Je suis malade. Je vais chez le médecin tout à l'heure.
2. Salut ! Je vais au Brésil pendant les vacances ! C'est super ! Je te raconte samedi.
3. Oh, tu ne viens pas à la fête ? Moi, je veux y aller avec toi. Allez, viens, s'il te plaît.
4. Allô ? Pourquoi tu ne réponds pas ? C'est important. Tu es où ? Appelle-moi !
5. Oui, c'est moi. Je ne peux pas aller au cinéma ce soir. J'ai beaucoup de travail. Je suis très fatigué.

Activité 23, p. 16, PISTE 23

1. Chers clients, pendant 30 minutes, grande promotion sur tous les poissons avec 40 % de réduction ! Oui, 40 % de réduction ! Pendant seulement 30 minutes ! Vite !
2. Après la réduction spéciale sur les pantalons, rendez-vous au rayon jouets pour les garçons. Réduction de 20 % maintenant sur les jouets pour les garçons. Pour les filles, c'est cet après-midi.
3. Chers clients, rendez-vous à l'entrée du magasin pour découvrir nos promotions spéciales sur tous nos produits. Ne partez pas ! Rendez-vous à l'entrée !

Activité 24, p. 16, PISTE 24

Chers clients, bienvenue dans votre centre commercial. Grande promotion sur les livres. La promotion commence à 10 h dans votre magasin Fnoc. 15 % de réduction sur tous les livres. Après, réductions spéciales sur les légumes dans votre magasin PrixFrancs.

Activité 25, p. 17, PISTE 25

1. Mesdames, Messieurs, votre attention s'il vous plaît. Le vol AF793 à destination de Rome partira porte H.
2. Mesdames, Messieurs, votre attention s'il vous plaît. Le train TGV 1210 à destination de Nantes partira avec 10 minutes de retard.
3. Mesdames, Messieurs, votre attention s'il vous plaît. Le train TGV 1002 à destination de Rennes partira à 9 h 03.

Activité 26, p. 18, PISTE 26

1. Bonjour. Madame Clara Dupont au téléphone, secrétaire de madame la directrice. Êtes-vous disponible pour un rendez-vous mardi ? J'attends votre appel.
2. Bonjour. Monsieur Legrand. Je vous appelle pour prendre un rendez-vous pour parler des notes de votre fils. Ses notes de mathématiques sont très basses. Merci.
3. Allô ? C'est Madame Fournier de l'Agence pour l'emploi. Votre rendez-vous de jeudi à 10 h au restaurant est confirmé. N'oubliez pas vos documents. Merci.

Activité 27, p. 18, PISTE 27

1. Bonjour, c'est Madame Lambert, de l'Agence pour l'emploi. Nous avons une offre pour être pompier à Lille. Allez sur notre site internet pour voir l'offre. C'est la seule offre « pompier ». Au revoir.
2. Oui, c'est Madame Joly du collège Vauban. Votre fille est absente de ma classe de français. Pouvez-vous me rappeler s'il vous plaît ? Merci.

3. Bonjour, c'est Madame Morin de l'Agence pour l'emploi. Il y a des offres pour « serveur » et une offre pour « vendeur ». Vous avez rendez-vous pour l'offre « vendeur » avec moi demain. Merci.

Activité 28, p. 17, PISTE 28

1. Bonjour. Monsieur Clément au téléphone. Je prépare notre entretien de demain. Envoyez-moi une photocopie de votre carte d'identité s'il vous plaît. Merci. À demain.
2. Bonjour, c'est Monsieur Dumont de l'Agence pour l'emploi. J'ai votre CV mais je n'ai pas votre lettre de motivation. Est-ce que vous pouvez me l'envoyer par courriel ? C'est urgent. Merci.
3. Pour la réunion avec le directeur du théâtre, n'oubliez pas le programme du concert. Le directeur veut voir la liste des chanteurs. La réunion doit durer 30 minutes maximum. Merci.

Activité 29, p. 18, PISTE 29

1. Bonjour, c'est Madame Lopez, la secrétaire de monsieur le directeur. Monsieur le directeur souhaite une réunion avec l'équipe. C'est urgent ! À partir de jeudi, il est en voyage. C'est possible une réunion aujourd'hui ? Vous pouvez organiser la réunion ?
2. Bonjour. C'est le magasin Nature & Jardin. Nous avons votre CV et votre lettre de motivation. Est-ce que vous pouvez venir à un entretien ? Merci de nous répondre par téléphone avant le 16 mai. Bonne journée.
3. Allô ? C'est Benoît de l'Agence pour l'emploi. Je vous rappelle votre rendez-vous de vendredi. N'oubliez pas de m'envoyer votre CV pour jeudi au plus tard. Vous pouvez m'appeler si vous avez des questions. Attention, je suis absent mercredi. Au revoir.

Activité 30, p. 18, PISTE 30

1. Le rendez-vous de mercredi est à 11 h 30.
2. Le déjeuner avec le directeur est à 12 h 00.
3. Votre rendez-vous avec le médecin est à 10 h 15.
4. Votre entretien commence à 9 h 45.
5. Le dentiste confirme votre rendez-vous de mercredi à 14 h 20.

Activité 31, p. 18, PISTE 31

1. Votre rendez-vous est lundi avec Monsieur Denis. Il vous attend à 15 h 40.
2. Allô ? C'est Madame Leblanc. Il est 9 h 45. Je vous attends pour votre entretien. Merci.
3. La réunion n'est plus à 13 h. Le directeur demande à faire la réunion à 17 h 30. Merci.

Activité 32, p. 18, PISTE 32

Allô ? C'est Justine. Ce midi, c'est le déjeuner pour fêter les 10 ans de l'entreprise. Pour le repas avec les collègues, est-ce que tu peux acheter le pain ? Et va chercher la viande s'il te plaît. Moi, je vais au supermarché pour les boissons. Prends le journal pour notre directeur, il y a un article sur notre anniversaire. Merci.

Activité 33, p. 19, PISTE 33

Bonjour, c'est Mme Lee. Je vous téléphone pour vous dire comment venir dans nos bureaux. C'est très facile à partir de la place de la République où vous travaillez. Prenez le boulevard Saint-Michel. Ensuite, tournez à droite, rue du Tournesol et continuez tout droit. Tournez dans la rue avec l'école. Je ne sais plus le nom de cette rue. Quand vous voyez un cinéma, tournez à gauche. Nos bureaux sont face à la pharmacie. À tout à l'heure.

Activité 34, p. 20, PISTE 34

1. Salut ! C'est Renaud. La réunion de demain est annulée. Est-ce que tu peux appeler le directeur ? Merci.
2. Bonjour, c'est Monsieur Lenoir. Je ne suis pas au bureau aujourd'hui. Est-ce que vous pouvez appeler ma secrétaire pour un rendez-vous s'il vous plaît ? Au revoir.
3. Bonjour, c'est Adrien Rousseau. Je ne trouve pas le dossier pour la réunion de cet après-midi. Est-ce que tu peux m'appeler ? C'est urgent.

Activité 35, p. 20, PISTE 35

1. Bonjour, c'est Maxime. Je suis désolé. Demain, je ne peux pas aller à notre rendez-vous. Excuse-moi. Est-ce que tu es disponible jeudi ? Appelle-moi !
2. Salut, c'est Caroline. Alors, tu es en vacances à partir de jeudi. Super ! Tu vas à Montréal, c'est ça ? Bonnes vacances et à très bientôt !
3. C'est Sarah. Alors tu as un nouveau travail ? C'est génial ! C'est quoi ? Tu travailles où ? Raconte-moi ! Et encore félicitations ! Bisous.

Activité 36, p. 20, PISTE 36

1. Bonjour, c'est Madame Dupuis de l'Agence pour l'emploi. Nous avons une offre pour un emploi de

serveur les samedis et dimanches. Si vous êtes intéressé, vous devez aller sur notre site internet et répondre à l'offre. Au revoir !

2. Bonjour, c'est Madame Dupuis de l'Agence pour l'emploi. Pour les offres d'emploi à l'aéroport, vous devez téléphoner directement à Monsieur Olivier. C'est le responsable des entretiens. N'oubliez pas de m'écrire pour me dire si vous appelez Monsieur Olivier. À bientôt !

3. Bonjour, c'est Madame Lecomte. Pour la réunion, merci d'apporter des feuilles et des stylos pour tout le monde. Pas de crayons ! Juste des stylos pour écrire. C'est important. Merci beaucoup.

Activité 37, p. 20, PISTE 37

1. – Je vous présente Anne, la nouvelle élève. Anne, vous avez 16 ans, c'est ça ?
– Non, j'ai 17 ans. Dans cette classe, les élèves ont 16 ans ou 17 ans ?
– Ici, les élèves ont 16 ans ou 17 ans. Des élèves ont 18 ans aussi.

2. – Bonjour ! C'est vous, l'assistant de français ?
– Bonjour ! Oui, je suis assistant de français et je m'appelle Marc. C'est ici la salle 33 ?
– Oui, ici, c'est la salle 33. Bienvenue ! Vous pouvez vous présenter s'il vous plaît ?
– Bien sûr ! Je suis français, j'ai 23 ans et je vais travailler avec vous pendant cette 4e année.

3. – Demain, j'ai 60 ans. Les élèves préparent une fête pour mon anniversaire. Je suis contente. Toi, Paul, tu es plus jeune ?
– Non, je ne suis pas plus jeune. Moi, j'ai 61 ans.
– 61 ans ? D'accord. C'est ta dernière année dans l'école alors.
– C'est ça.

Activité 38, p. 20, PISTE 38

Professeur : Nous allons faire le calendrier des anniversaires de la classe. David, c'est quand ton anniversaire ?
David : Mon anniversaire, c'est le 13 février.
Professeur : C'est bientôt ! Tu vas avoir quel âge ?
David : 14 ans.
Professeur : Merci. Et toi Margot ?
Margot : Moi, je suis née le 5 juillet.
Professeur : D'accord, j'écris ta date de naissance sur le calendrier. Et tu as quel âge ?
Margot : J'ai 13 ans. Ma copine Emma, elle a 13 ans aussi.
Emma : C'est vrai, nous avons le même âge. Mon anniversaire, c'est le 30 mars.
Professeur : Merci les filles. Victor, est-ce que je peux avoir ta date d'anniversaire et ton âge s'il te plaît ?
Victor : Mon anniversaire, c'est le 20 juin. J'ai 12 ans.
Professeur : Merci, je vais mettre le calendrier au tableau et on continue demain.

Activité 39, p. 21, PISTE 39

1. Tom, c'est le professeur de mathématiques. Il a 40 ans. Il est grand et il est blond.
2. Louis a 23 ans. C'est le secrétaire de la directrice. Il est petit et il est blond.
3. Arthur a 27 ans. C'est le professeur d'anglais. Il est grand et il a les cheveux bruns.
4. Alain est le professeur d'histoire. Il a 45 ans. Il est petit et il a les cheveux bruns.

Activité 40, p. 21, PISTE 40

1. Regarde, c'est une photo de l'équipe de l'école. Il y a Monsieur André, le directeur. C'est l'homme assis. Il a 60 ans donc ses cheveux sont gris. L'homme debout à gauche est le professeur de français. Il s'appelle Arnaud. Il a 46 ans. L'autre homme, à droite, le très grand, c'est Philippe, le professeur de géographie. Et les 2 femmes, ce sont aussi des professeures. La blonde s'appelle Monique, c'est la professeure d'histoire. Béatrice, la femme aux cheveux bruns, est la professeure d'anglais.

2. Sur cette photo, il y a le secrétaire de l'école, Jean-Luc. C'est l'homme petit avec une moustache. Il y a aussi Jacques, le responsable de la bibliothèque. Lui, il est grand. Il a une moustache aussi. Ils sont sur la photo avec 3 professeures : Mathilde, Sonia et Clara. La femme blonde aux cheveux courts, c'est Clara. Sonia, c'est la femme blonde avec les cheveux très longs. Et l'autre, c'est Mathilde.

Activité 41, p. 21, PISTE 41

1. – S'il vous plaît ! Il y a une montre sur la table. C'est à toi Guillaume ?
– Non Madame.
– C'est ma montre Madame.
– D'accord. Termine ton exercice Delphine. Après, viens prendre ta montre.

2. – Thomas, qu'est-ce que c'est sur la table ?
– C'est mon parapluie.
– Le parapluie, c'est à l'entrée de la salle. Sur ta table, tu dois mettre tes livres et tes stylos.

3. – Alors, il y a une nouvelle élève dans la classe. C'est Yasmine.
– Bonjour !
– Yasmine, j'aime beaucoup ton manteau rose.
– Merci. Mes chaussures sont roses aussi.

Activité 42, p. 21, PISTE 42

Regarde, c'est une photo des professeurs de l'école. Il y a Alexandre, le professeur d'espagnol. C'est l'homme avec un jean et un pull rouge. L'homme aux lunettes et au tee-shirt bleu, c'est Alexis, le professeur d'anglais. Et le jeune homme au tee-shirt jaune, ce n'est pas un professeur mais le bibliothécaire. C'est Julien. La femme avec le sac à main, c'est Isabelle, la professeure d'histoire. La femme avec la jupe rose et le chapeau, c'est Lucie, la professeure de musique. Et il y a Marie, la professeure d'informatique. Sur la photo, elle a une jupe blanche, une veste rose et un chapeau à la main. Moi, je suis sur la photo. Tu me vois, avec mes lunettes ?

Activité 43, p. 22, PISTE 43

1. Bonjour. Je vous souhaite la bienvenue. Je suis contente de vous rencontrer. Asseyez-vous.
2. Samuel, qu'est-ce que tu penses de cette note ? Pour toi, est-ce que c'est une bonne note ?
3. Monsieur et Madame Leroy ? Bonjour. Je suis Monsieur Dumont, le professeur de français de votre fils. Comment allez-vous ?
4. Aurélie et Adrien, est-ce que vous pouvez lire s'il vous plaît ? Aurélie, toi, tu lis la page 4 et toi, Adrien, tu lis la page 5.

Activité 44, p. 22, PISTE 44

1. – Bonjour Marion. Est-ce que tu es prête pour l'examen ?
– Salut Valentine ! Oui, je suis prête pour l'examen de Madame Leduc.
2. – Bonjour. Je suis Madame Olivia Laroche, la directrice de l'école.
– Bonjour. Anne-Marie Bourdon, la maman de Jules. Je vous remercie pour le rendez-vous.
3. – Monsieur Lemaître, pouvez-vous m'envoyer les résultats de votre classe ?
– Bien sûr monsieur le directeur. Je vous envoie les résultats tout de suite.

Activité 45, p. 22, PISTE 45

1. Bonjour Madame Buisson. Je suis le professeur d'histoire de votre fille. Julie, est-ce que tu as ton cahier avec toi ? Je veux le montrer à ta maman.
2. Lola ? Tu es dans ta chambre ? Est-ce que tu peux me montrer les explications de ton professeur de dessin, Madame Rossignol ? Je ne comprends pas ta note.
3. Clémence, tu veux venir avec moi à la bibliothèque pour étudier pour l'examen d'anglais de tout à l'heure ?
– Bien sûr Gauthier.

Activité 46, p. 22, PISTE 46

1. – Camille, qu'est-ce que tu fais ici ?
– Je fais mes devoirs pour le cours d'histoire.
– Dans la salle du cours de français ?
– Oui, il n'y a personne !
2. – Augustin, tu vas à la salle de sport ?
– Non, je dois étudier. Je vais à la bibliothèque.
– D'accord. Et après, tu viens faire du sport avec moi ?
– Non, après, je vais chez moi. Je suis fatigué.
3. – Clément, où est-ce que tu vas ?
– Je vais chez moi maintenant pour faire mes devoirs. Et toi ?
– Moi aussi ! J'ai des devoirs de mathématiques pour demain.
– À demain !

Activité 47, p. 23, PISTE 47

1. – Ils sortent à quelle heure les élèves ?
– À 16 h 30. Regarde, les voilà !
2. – C'est à quelle heure le cours de dessin ?
– À 14 h 30.
– Mais il est 14 h 30. Vite !
3. – Super ! Il y a du poulet aujourd'hui à la cantine !
– Et il y a des frites aussi ! J'adore le poulet avec des frites !
4. – Papa, est-ce que tu peux m'aider à faire mes devoirs ?
– Maintenant ? Mais c'est le petit déjeuner ! C'est pour quand tes devoirs ?
– Pour le cours d'histoire de tout à l'heure !
– Quoi ? Mais il est trop tard !

Activité 48, p. 23, PISTE 48

1. – Excusez-moi, où est la salle 12 ?
– La salle 12 est au premier étage. Prenez les escaliers !
2. – Est-ce que vous avez des documents en anglais ?

– Bien sûr ! Qu'est-ce que vous cherchez ?
– Je cherche des livres et des journaux.
3. – Bonjour. Je viens inscrire ma fille au cours de musique.
– Bonjour. Bienvenue. D'accord. C'est pour quel instrument ?
– La guitare. Quand commencent les cours ?
– La semaine prochaine.
4. – Monsieur, où est la ville de Lyon ?
– Lyon ? C'est ici !
– Au sud de Paris ?
– Oui, c'est ça.

Activité 49, p. 24, PISTE 49

1. C'est un moyen de transport. Il est blanc. Je prends ce moyen de transport pour aller faire les courses. Toute la famille vient avec moi.
2. L'objet est dans la salle de bains. C'est utile le matin et le soir. C'est pour laver mes dents.
3. L'objet est de couleur noire. Je prends cet objet pour sortir dans la rue. Je mets l'objet sur ma tête.

Activité 50, p. 24, PISTE 50

1. Un passeport.
2. Une lettre.
3. Un diplôme.
4. Une valise.
5. Un sac.

Activité 51, p. 24, PISTE 51

Image A, n° 3 : des fruits
Image B, n° 1 : un jus de fruits
Image C, n° 5 : une pomme
Image D, n° 2 : des légumes
Image E, n° 4 : une tomate

Activité 52, p. 25, PISTE 52

Objet n° 1 : un savon
Objet n° 2 : un menu
Objet n° 3 : une chemise
Objet n° 4 : du papier toilettes
Objet n° 5 : une addition
Objet n° 6 : une jupe

Activité 53, p. 25, PISTE 53

Une télévision. Une table. Un ticket de bus. Un couteau. Une fourchette. Une bouteille d'eau. Un crayon. Une feuille.

Activité 54, p. 25, PISTE 54

1. En voyage, je prends toujours mon ordinateur portable. Je dois souvent regarder mes messages électroniques pour le travail. C'est la vie !
2. J'adore mon lit. Et tu sais, il y a toujours un livre à côté de mon lit. Tous les soirs, je dois lire pour l'université.
3. Pour mon travail, je dois avoir un permis de conduire. Je prends ma voiture et je paye l'essence. Après, mon entreprise me donne de l'argent pour l'essence.

Activité 55, p. 26, PISTE 55

Je suis dans une librairie. Je prends des cartes postales et des timbres. J'achète un stylo bleu. Ah, et je prends des enveloppes. Et il y a une tasse souvenir de la ville, super.

Activité 56, p. 26, PISTE 56

Sur mon bureau, il y a mes lunettes. A côté, il y a des papiers. J'ai aussi une bouteille d'eau et un verre. Et bien sûr, il y a mon téléphone.

Activité 57, p. 26, PISTE 57

– Pour mon déjeuner, je voudrais du poulet avec des pâtes. Pour le dessert, c'est de la glace.
– Moi, pour le plat, je voudrais du poisson et du riz. Pour le dessert, je préfère des fruits.

Activité 58, p. 27, PISTE 58

1. Pour mon travail, j'ai des chaussures noires. J'ai aussi des gants blancs. Après, je mets une chemise noire et un pantalon noir.
2. Bonjour ! Pour payer votre carte postale, c'est avec des espèces s'il vous plaît. Vous avez des pièces ou des billets ? Merci.
3. Mon entreprise est à 30 kilomètres. Je prends le train tous les jours. Je n'ai pas de voiture. Parfois, je viens avec un collègue.

Exercice 1, p. 28, PISTE 59

Allô ? Bonjour, c'est Hugo. Avec mes amis, Carlos et Anna, nous allons au cinéma mardi soir. Est-ce que tu veux venir ? Il y a un super film sur le nord de la France ! Rendez-vous à 18 h 30 devant le cinéma. Tu peux venir avec Carmen bien sûr. Appelle-moi ! À bientôt.

Exercice 2, p. 28, PISTE 60

Salut, c'est Jeannette ! Pour l'anniversaire de Louis samedi, est-ce que tu peux apporter le gâteau ? Moi, j'apporte les boissons et les ballons. On se retrouve chez moi à 14 h d'accord ? Je propose d'aller chez Louis en voiture et pas en métro. À samedi alors !

Exercice 3, p. 29, PISTE 61

Allô ? C'est Fabiola. Est-ce que tu veux aller à la plage cet après-midi ? On peut se retrouver chez moi à 13 h 30. Je vais préparer une salade avec du poulet pour le déjeuner. Toi, tu peux apporter de l'eau. Et on peut manger une glace à la plage ! À tout à l'heure.

Exercice 4, p. 30, PISTE 62

Chers clients, aujourd'hui, vendredi, nous vous rappelons le début de la grande promotion sur tous les disques de notre magasin. 25 % de réduction ! Oui, 25 % de réduction ! Retrouvez les disques à côté des livres. Attention, la réduction est valable jusqu'au 13 mai uniquement.

Exercice 5, p. 30, PISTE 63

Ce soir, grand concert sur la place de la mairie. Des chanteurs français, anglais et italiens sont au rendez-vous. Pour gagner des billets pour rencontrer les artistes, téléphonez au 01.46.79.02.84. La météo n'est pas au rendez-vous : de la pluie est annoncée. N'oubliez pas votre parapluie !

Exercice 6, p. 31, PISTE 64

Mesdames et Messieurs, votre attention s'il vous plaît. Le train TGV numéro 8570 partira à 10 h 24 voie E. Pour des consignes de sécurité, merci de vous présenter 15 minutes avant le départ. N'oubliez pas votre billet et votre pièce d'identité. Merci de mettre votre nom sur tous vos bagages. Bon voyage !

Exercice 7, p. 32, PISTE 65

Bonjour, c'est Madame Laforêt de l'entreprise Guy Mauve. Je vous appelle pour le travail de secrétaire. L'entretien avec le directeur est jeudi à quinze heures quarante-cinq. Pouvez-vous apporter votre CV et une photocopie de votre pièce d'identité ? Merci de vous présenter à la porte E. Au revoir.

Exercice 8, p. 32, PISTE 66

Bonjour, c'est Arwa. Le directeur organise une réunion demain. Est-ce que tu peux appeler le responsable de l'agence Boypower ? Son numéro personnel est le 06.61.07.95.30. Il faut lui dire que la réunion va durer 45 minutes. Et merci de réserver aussi le restaurant pour demain !

Exercice 9, p. 33, PISTE 67

Bonjour, c'est Monsieur Le Cornec de l'Agence pour l'emploi. Nous avons une nouvelle offre d'emploi. Un magasin cherche un vendeur pour les jouets. Si vous êtes intéressé, vous devez venir au bureau 212 avec une lettre de motivation. J'ai déjà votre CV. Je pars à 16 h alors merci de venir avant.

Exercice 10, p. 34, PISTE 68

1. – Dépêche-toi, tu vas être en retard pour l'école !
– J'ai bientôt fini mon petit déjeuner.
2. – Excusez-moi, vous connaissez la date de la réunion avec les professeurs ?
– Oui, c'est jeudi.
– Merci. Et c'est dans quelle salle ?
– C'est dans la bibliothèque de l'école.
3. – C'est à quelle heure le cours de mathématiques ?
– À 10 h 00.
– Ah, ça va. Encore 15 minutes.
4. – Bonjour. Ici, c'est la bibliothèque. Vous pouvez prendre des livres.
– Super ! Et des films aussi ?
– Oui, tu peux prendre des films aussi.

Exercice 11, p. 34, PISTE 69

1. – Bonjour Monsieur Garcia, comment allez-vous ?
– Oh, bonjour monsieur le directeur. Je vais bien merci et vous ?
– Très bien, je vous remercie.
2. – Oh non, il y a toujours du riz à la cantine !
– Oui, tu as raison. Moi, je veux des frites !
3. – Où est-ce que tu cours ?
– Je suis en retard pour le cours de sport.
– Mais le cours de sport c'est par là !
– Ah oui, tu as raison. Merci.
4. – Bonjour, je suis le professeur de français de votre fils. Asseyez-vous.
– Bonjour. Merci pour le rendez-vous.

Exercice 12, p. 35, PISTE 70

1. – Tu es inscrit à l'université toi ?
– Oui, je suis inscrit à l'université. Regarde, j'ai mon papier. Et toi ?
– Pas encore.
2. – Ah, regarde, c'est Madame Belkacem, la nouvelle professeure.
– C'est la prof de quoi ?
– C'est la professeure d'histoire.
3. – Tu viens comment à l'université toi ?
– Je viens à pied.
– À pied ? C'est long non ?
– Pas du tout. Seulement 10 minutes.
4. – Bonjour, entrez. Je vous présente Carla, la nouvelle élève. C'est son premier jour.
– Bonjour tout le monde !

Exercice 13, p. 36, PISTE 71

Bonjour, c'est Pierre. Tu veux venir à la maison ce soir ? Il y a un super film à la télévision. Viens à 20 heures ! Tu as la clé de l'appartement alors tu peux entrer. Je prépare des pâtes à la sauce tomate. Tu peux apporter du pain ? Merci, à tout à l'heure.

Exercice 14, p. 36, PISTE 72

Bonjour, c'est Rebecca ! Demain, c'est votre premier jour dans notre entreprise. Vous devez apporter votre pièce d'identité. Dans votre bureau, il y a une grande chaise, votre ordinateur et une machine à café. Il y a aussi une tasse avec le nom de l'entreprise. Le midi, nous pouvons aller au restaurant de l'entreprise. À demain !

Exercice 15, p. 37, PISTE 73

Salut ! Tu peux faire des courses s'il te plaît ? Alors, prends du beurre, une salade et des œufs. Je voudrais aussi du thé. Pour le dessert, qu'est-ce que tu veux ? Tu peux prendre des pommes. J'ai des bananes à la maison. Va aussi à la pharmacie pour prendre les médicaments. Merci beaucoup. Bisous.

Production orale

Activité 11, p. 93, PISTE 74

1. Je m'appelle Amélie.
2. J'ai un frère et deux sœurs.
3. Je me lève à 7 h 00 et je vais à l'université à 8 h 00.
4. Je fais de l'équitation.
5. J'habite à Madrid, en Espagne.
6. Mon père s'appelle Thomas et ma mère s'appelle Angelina.
7. Mon père a 41 ans et ma mère a 38 ans.

Activité 12, p. 93, PISTE 75

1. – Quel âge avez-vous ? / – J'ai 50 ans.
2. – Quel animal avez-vous ? / – J'ai des oiseaux.
3. – Parlez-moi de vos parents. / – Ma mère s'appelle Louise et mon père, lui, s'appelle André.
4. – Quelles sont vos activités préférées ? / – Je fais du vélo le samedi et après, je vais au cinéma avec mes amis.
5. – Quelle est votre profession ? / – Je suis chirurgien.

Activité 13, p. 94, PISTE 76

– Bonjour.
– Bonjour.
– Bienvenue à votre épreuve de production orale du DELF A1. Le premier exercice est un entretien dirigé. Je vous pose des questions pour vous connaître. Ça va ? Est-ce que nous pouvons commencer ?
– Oui, ça va.
– Comment est-ce que vous vous appelez ?
– Je m'appelle Youssef.
– Est-ce que vous pouvez épeler votre prénom s'il vous plaît ?
– Y-O-U-S-S-E-F.
– Et quel âge avez-vous ?
– 26 ans. J'ai 26 ans.
– Merci. Combien de frères et sœurs avez-vous ?
– J'ai un frère et deux sœurs.
– Comment s'appellent-ils ?
– Mon frère s'appelle Ahmed et mes sœurs s'appellent Liliane et Sara.
– Est-ce que vous faites un sport ?
– Oui.
– Quel sport est-ce que vous faites ?
– Je fais du basketball et du karaté.
– D'accord. Et vous faites ces sports quels jours ?
– Le basketball, c'est le mercredi et le samedi. Je fais du karaté le mardi et le jeudi.
– Merci Youssef. L'exercice 1 est terminé. Nous passons maintenant à l'exercice 2.

Activité 19, p. 96, PISTE 77

1. Où habitez-vous ?
2. Comment s'appelle votre femme ?
3. Quand allez-vous au cinéma ?
4. Comment est-ce que vous allez à votre bureau ?

5. Combien avez-vous de frères et de sœurs ?
6. Quelle est votre profession ?
7. Vous lisez quoi ?
8. Quelle est votre nationalité ?
9. Quel est votre film préféré ?
10. Qu'est-ce que vous faites le dimanche ?

Activité 20, p. 96, PISTE 78

1. À quelle heure est-ce que vous mangez le soir ?
2. Quelles langues est-ce que vous parlez ?
3. Quelle est votre couleur préférée ?
4. Le samedi vous faites quoi ?
5. Comment est-ce que vous allez à l'école ?

Activité 21, p. 97, PISTE 79

1. Combien d'animaux avez-vous ? / Est-ce que vous avez un chien ? / Quel est votre animal préféré ?
2. Combien d'amis avez-vous ? / Comment s'appelle votre meilleur ami ? / Qui est votre meilleur ami ? / Qu'est-ce que vous faites avec vos amis ?
3. Est-ce que vous aimez la plage ? / Où allez-vous en vacances ? / Quelle est votre plage préférée ?
4. Quel instrument est-ce que vous jouez ? / Quel type de musique écoutez-vous ? / Est-ce que vous écoutez la radio ?
5. Est-ce que vous avez un stylo bleu ? / Combien de stylos avez-vous ? / Où est votre stylo ? / Comment est-ce que vous écrivez ?

Activité 22, p. 97, PISTE 80

– Ma couleur préférée est le bleu. / – Moi, c'est le vert.
– J'ai un chien et deux chats. / – Ah, c'est bien. Moi je n'ai pas d'animaux.
– Je n'ai pas d'animaux. / – Ah, moi j'ai un chien.
– J'aime aller au cinéma avec mes amis. / – Moi aussi.
– L'été, je vais en vacances à la mer. / – D'accord. Où est-ce que vous allez ?
– Je ne prends pas le métro. / – Moi non plus.

Activité 24, p. 97, PISTE 81

1. Quel âge avez-vous ?
2. Quelle est la date de votre anniversaire ?
3. Est-ce que vous faites du vélo ?
4. Combien d'enfants est-ce que vous avez ?
5. Quand partez-vous en vacances ?
6. Où est-ce que vous allez en vacances ?
7. Le samedi, vous faites quoi ?

Activité 25, p. 98, PISTE 82

1. Quel âge avez-vous ?
2. Quelle est la date de votre anniversaire ?
3. La date de mon anniversaire est le 13 mai.
4. La date de mon anniversaire ? C'est le 13 mai.
5. Est-ce que vous aimez la télévision ?
6. Vous aimez la télévision.
7. Combien de frères avez-vous ?
8. Vous avez deux frères. Moi, j'ai un frère.
9. Le samedi, vous faites quoi ?
10. Le samedi, vous allez au parc. Avec qui ?
11. J'aime les chats. Pourquoi ? Je ne sais pas.

Activité 26, p. 98, PISTE 83

– L'exercice 2 est un échange d'informations. Vous me posez des questions pour me connaître. Utilisez les mots pour poser vos questions.
– Quelle est votre nationalité ?
– Je suis française. Et vous ?
– Moi, je suis syrien. Combien de langues est-ce que vous parlez ?
– Je parle français, anglais et un peu italien.
– Oh, d'accord. Moi aussi je parle anglais, un peu français mais pas italien. Je parle espagnol. À quelle heure vous vous levez ?
– Je me lève à 6 h 30 tous les jours.
– C'est tôt !
– Oui, c'est vrai. Je travaille tôt.
– Est-ce que vous avez un appartement ou une maison ?
– J'ai une maison.
– Moi, j'habite dans un appartement. Et comment est-ce que vous venez à l'école ?
– Je viens en métro, c'est rapide !
– Oh, moi aussi !
– Merci. L'exercice 2 est terminé. Nous passons maintenant à l'exercice 3.

Activité 31, p. 100, PISTE 84

1. Combien coûte ce magazine ?
2. Est-ce que je peux avoir la carte s'il vous plaît ?
3. Est-ce que vous avez des pulls bleus ?
4. Est-ce que je peux payer en espèces ?
5. Quelle est la taille de cette jupe ?

Activité 35, p. 102, PISTE 85

1. Le manteau coûte 115 €.
2. Alors, 1 kilo de fraises, 2,50 €, 2 kilos de pommes, 3,20 € et 1 litre de jus d'orange, 2 €, ça fait 7,70 € s'il vous plaît.

3. Le menu du jour coûte 24 €. Le plat principal seul coûte 16 €. Avec le dessert, c'est 21 €.
4. Il y a un départ pour Paris dans 30 minutes. Le billet coûte 68 €. Ensuite, le prochain départ est à 11 h 58. C'est le même prix.

Activité 36, p. 102, PISTE 86

1. Bonjour Monsieur. Je voudrais une boîte de chocolats. C'est pour un anniversaire.
2. Quel est le prix d'une enveloppe s'il vous plaît ?
3. Le menu est à 13 €, c'est ça ?
4. Est-ce que vous avez un animal noir et blanc ?
5. Je cherche des chaussures pour jouer au tennis avec mes amis.

Activité 37, p. 102, PISTE 87

– L'exercice 3 est un dialogue simulé. Nous sommes dans une épicerie. Vous voulez acheter des produits. Vous êtes le client et je suis la vendeuse. Nous commençons.
 – Bonjour Madame.
 – Bonjour Monsieur.
 – Je voudrais acheter du sucre et des tomates s'il vous plaît.
 – Oui, combien de kilos de sucre ?
 – 2 kilos de sucre s'il vous plaît.
 – D'accord et combien de tomates ?
 – 1 kilo de tomates s'il vous plaît. Quel est le prix du kilo de tomates ?
 – 1,30 €.
 – Merci. Et combien coûte le sucre ?
 – Le sucre ? C'est 3 € pour les 2 kilos.
 – Merci.
 – Est-ce que vous voulez autre chose Monsieur ?
 – Oui, je voudrais aussi du pain s'il vous plaît. Est-ce que vous avez des baguettes ?
 – Oui, combien de baguettes est-ce que vous voulez ?
 – Seulement 1 baguette. Quel est le prix ?
 – La baguette coûte 70 centimes.
 – Merci. Quel est le prix total pour le sucre, les tomates et la baguette s'il vous plaît ?
 – Alors, le prix total est de 5 €. Comment est-ce que vous payez Monsieur ?
 – Je paye en espèces. Et voilà 5 €.
 – Merci Monsieur. Et voilà vos produits.
 – Merci beaucoup. Au revoir Madame et bonne journée.
 – Au revoir Monsieur. Merci Youssef. L'épreuve est terminée.

Épreuve blanche 1

Exercice 1, p. 112, PISTE 88

Bonjour chère cousine, c'est Gilles. Je suis dans ta ville pour mon travail avec mon directeur. On peut se voir demain après 19 h ? Je t'invite dans un petit restaurant sympa près de mon hôtel. Envoie-moi un texto avant 17 h si tu es d'accord et je réserve une table pour 20 h. Bisous

Exercice 2, p. 112, PISTE 89

Chers clients, courez vite au rayon librairie ! Depuis 14 h et jusqu'à 16 h seulement, pour un livre acheté, un deuxième offert. Et n'oubliez pas de demander à la caisse un bon pour participer au grand tirage au sort à 19 h et gagner deux entrées gratuites pour le festival du livre qui commence demain.

Exercice 3, p. 113, PISTE 90

Bonjour, c'est José, le secrétaire du directeur. Vous avez rendez-vous avec le médecin du travail lundi prochain. Pour votre rendez-vous, venez à 10 h au 2e étage. Vous pouvez parler de votre accident d'hier. Racontez votre visite à l'hôpital et montrez votre ordonnance. Si vous avez des questions, appelez-moi vendredi. Bonne journée.

Exercice 4, p. 113, PISTE 91

1. – Bonjour, je voudrais m'inscrire s'il vous plaît.
– Vous avez une pièce d'identité ?
– Oui, et j'ai aussi une carte d'étudiant.
2. – Vous ne pouvez pas emprunter 6 DVD.
– Ah bon ! C'est écrit sur le panneau.
– Non, c'est 6 livres et 3 DVD.
3. – Bonjour, je cherche une méthode pour apprendre le chinois.
– Toutes nos méthodes sont classées au rayon 25 derrière vous.
– Ah merci ! Je n'avais pas fait attention.
4. – C'est fermé ? Mais ça fait longtemps ?
– Non, regardez le panneau, c'est une fermeture exceptionnelle.
– Ah bon merci, je reviendrai demain.

Exercice 5, p. 114, PISTE 92

Allô ? Est-ce que tu peux m'aider à faire le sac pour ce week-end ? Prends des gants s'il te plaît. Il faut aussi des serviettes. Elles sont sur mon lit, dans ma chambre. Mets aussi le dentifrice et les brosses à dents dans le sac. Pour nos vêtements, je vais apporter une valise. Merci.

Épreuve blanche 2

Exercice 1, p. 121, PISTE 93

Salut, c'est Cyril. Qu'est-ce que tu fais vendredi ? Moi, je rentre de vacances jeudi. Tu veux aller au cinéma ? Regarde le programme des films sur le site internet. Après, écris-moi un message. Je ne peux pas répondre au téléphone. Je vais t'apporter un tee-shirt souvenir de mes vacances. À bientôt !

Exercice 2, p. 121, PISTE 94

Ce week-end, c'est la fête des mères. Venez dans notre magasin. Nous sommes ouverts de 10 h à 19 h. Et il y a 15 % de réduction sur tous les produits ! Venez vite ! Il y a plein d'idées pour vos cadeaux. Nous avons beaucoup de parfums pour les mamans. Et on vous propose un prix spécial de 25 euros sur tous les chapeaux.

Exercice 3, p. 122, PISTE 95

Bienvenue dans l'entreprise ! Vous êtes dans le bâtiment principal, rue Louis Pasteur. Pour le restaurant du personnel, allez rue Napoléon. Avec le téléphone sur votre bureau, vous pouvez appeler le service informatique. Appelez le 6806. Notez cette information : l'entreprise est fermée en décembre. Pour terminer, votre contrat est disponible au service du personnel. Bonne journée !

Exercice 4, p. 122, PISTE 96

1. – Tiens, mon stylo vert.
– Oh, merci. Qu'est-ce que je dois écrire en vert ?
– Tu écris la date en haut de la feuille.
2. – Tous les jours, il y a de la viande au restaurant de l'université.
– C'est vrai. Tu n'aimes pas la viande ?
– Non, je ne mange pas de viande. Je vais sortir pour manger dehors.
3. – Regarde, c'est la professeure d'histoire. Elle est à l'entrée de la bibliothèque.
– Ah oui, je la connais. C'est aussi ma professeure de géographie.
4. – Madame, je ne comprends pas l'exercice.
– Oui ? Alors viens au tableau. On va faire l'exercice.
– D'accord. Je prends mon livre ?
– Oui, prends ton livre.

Exercice 5, p. 123, PISTE 97

Allô ? Je suis devant le menu du restaurant. Qu'est-ce que tu veux ? Pour le plat, il y a du poisson avec du riz. Il y a aussi une boisson avec du lait. Et pour le dessert, c'est de la glace avec une banane. Le restaurant vend aussi des verres. Ils sont très beaux. Appelle-moi !

CORRIGÉS

Compréhension de l'oral

Activité 1, p. 12

1 : Virginie.
2 : Anne.
3 : Vincent.

Activité 2, p. 12

1 : Adrien.
2 : Isabelle.
3 : Pierre.

Activité 3, p. 12

1 : Au musée.
2 : D'acheter les billets.
3 : Un gâteau.

Activité 4, p. 12

1 : Un jus de fruits. / Une salade.
2 : Avec Sophie. / Avec Brigitte.
3 : Jeudi. / Mercredi.

Activité 5, p. 13

1 : 2. – 2 : 16. – 3 : 10.

Activité 6, p. 13

1 : 2,5 kg. – 2 : 21. – 3 : 75 %.

Activité 7, p. 13

Vincent : 28 / 08 / 1978
Audrey : 01 / 03 / 1982
Alexandra : 30 / 05 / 1982

Activité 8, p. 13

Sylvain : 06.41.12.71.39 – Robert : 03.21.96.55.41 – Carole : 04.83.72.11.29

Activité 9, p. 13

1 : 01.47.72.33.09 – 2 : 03.20.90.01.00 – 3 : 06.09.77.50.11

Activité 10, p. 14

A. Julien. – **B.** Pauline. – **C.** Julie.

Activité 11, p. 14

1 : Faire du vélo.
2 : Elle veut acheter un pantalon.
3 : Pour acheter des fruits.

Activité 12, p. 14

1 → Mer.
2 → Campagne.
3 → Ville.

Activité 13, p. 14

1 : Chez Sébastien.
2 : Devant le marché.
3 : À l'entrée du magasin Dupont.

Activité 14, p. 14

A. 3 – **B.** 1 – **C.** 4 – **D.** 2

Activité 15, p. 15

1 : 18 degrés.
2 : 4 degrés.
3 : 23 degrés.

Activité 16, p. 15

1 → Invitation.
2 → Recommandation.
3 → Information.

Activité 17, p. 15

1 : Devant la mairie.
2 : À l'école.
3 : Des pommes et des bananes.

Activité 18, p. 15

1 : Vendredi 22 avril.
2 : Sur le site du cinéma.
3 : Des lettres.

Activité 19, p. 15

1 : Au restaurant.
2 : Chez Amélie.
3 : Au supermarché.

Activité 20, p. 16

1 : À l'aéroport.
2 : À la gare.
3 : À la gare.

Activité 21, p. 16

1 → Exclamation.
2 → Interrogation.
3 → Affirmation.
4 → Interrogation.
5 → Affirmation.
6 → Exclamation.

Activité 22, p. 16

Content(e) → 2
Triste → 3
Fatigué(e) → 5
En colère → 4
Malade → 1

Activité 23, p. 16

1 : 30 minutes.
2 : Les jouets pour les garçons.
3 : À l'entrée du magasin.

Activité 24, p. 16

1. Les livres.
2. À 10 h.
3. 15 %.
4. Les légumes.

Activité 25, p. 17

1 : AF793.
2 : D'heure de départ du train.
3 : Rennes.

Activité 26, p. 17

1 : Secrétaire.
2 : Professeur.
3 : Serveur.

Activité 27, p. 17

1 : Pompier. – 2 : Professeure de français. – 3 : Vendeur.

Activité 28, p. 17

1 : La carte d'identité.
2 : Une lettre de motivation.
3 : Le programme du concert.

Activité 29, p. 18

1 : Avant jeudi.
2 : Le 16 mai.
3 : Vendredi.

Activité 30, p. 18

A. 3. – B. 5. – C. 2. – D. 1. – E. 4.

Activité 31, p. 18

1 : 15 h 40.
2 : 9 h 45.
3 : 17 h 30.

Activité 32, p. 18

Images A, B et C.

Activité 33, p. 19

Image A.

Activité 34, p. 20

1 : Votre collègue.
2 : Votre directeur.
3 : Votre collègue.

Activité 35, p. 20

1 → S'excuser.
2 → Vous souhaiter de bonnes vacances.
3 → Vous féliciter.

Activité 36, p. 20

1 : Aller sur le site Internet.
2 : Téléphoner à M. Olivier.
3 : Des stylos et des feuilles.

Activité 37, p. 20

1 : 17 ans. – 2 : 23 ans. – 3 : 61 ans.

Activité 38, p. 20

David est né le 13 février. Il a 14 ans.
Margot est née le 5 juillet. Elle a 13 ans.
Emma est née le 30 mars. Elle a 13 ans.
Victor est né le 20 juin. Il a 12 ans.

Activité 39, p. 21

A. 2. – B. 3. – C. 4. – D. 1.

Activité 40, p. 21

Photo n° 1 : 1 → Arnaud – 2 → André – 3 → Philippe – 4 → Béatrice – 5 → Monique
Photo n° 2 : 1 → Jean-Luc – 2 → Jacques – 3 → Sonia – 4 → Clara – 5 → Mathilde

Activité 41, p. 21

1 : De Delphine.
2 : Son parapluie.
3 : Le manteau.

Activité 42, p. 21

1 → Isabelle – 2 → Marie – 3 → Julien –
4 → Alexandre – 5 → Alexis – 6 → Lucie –
7 → Chantal

Activité 43, p. 22

1 : Vouvoiement.
2 : Tutoiement.
3 : Vouvoiement.
4 : Tutoiement.

Activité 44, p. 22

1 : Marion et Valentine se connaissent.
2 : Olivia et Anne-Marie ne se connaissent pas.
3 : Monsieur Lemaître et le directeur se connaissent.

Activité 45, p. 22

1 : La maman de Julie.
2 : La maman de Lola.
3 : Une copine de classe de Gauthier.

Activité 46, p. 22

1 : Dans la salle du cours de français.
2 : À la bibliothèque.
3 : À la sortie de l'école.

Activité 47, p. 23

A. 2. – B. 4. – C. Ne correspond à aucune situation.
D. 3. – E. 1. – F. Ne correspond à aucune situation.

Activité 48, p. 23

A. Ne correspond à aucune situation.
B. 1. – C. 3. – D. Ne correspond à aucune situation. –
E. 4. – F. 2.

Activité 49, p. 24

1. Image B.
2. Image A.
3. Image B.

Activité 50, p. 24

A. 3. – B. 2. – C. 5. – D. 1. – E. 4.

Activité 51, p. 24

A. 3. – B. 1. – C. 5. – D. 2. – E. 4.

Activité 52, p. 25

Le restaurant: n° 2, 5
La chambre : n° 3, 6
La salle de bains : n° 1, 4

Activité 53, p. 25

A., C., G.

Activité 54, p. 25

1. B. – 2. B. – 3. A.

Activité 55, p. 26

1. C. – 2. D. – 3. B. – 4. E. – 5. A.

Activité 56, p. 26

Images B., C., D., G.

Activité 57, p. 26

Frida: images A., C., E.
Richard: images B., D., F.

Activité 58, p. 27

1. A. Oui. – B. Oui.
2. A. Oui. – B. Non.
3. A. Non. – B. Oui.

Exercice 2, p. 28

1. b. Louis.
2. c. Le gâteau.
3. a. 14 h 00.
4. c. En voiture.

Exercice 3, p. 29

1. b. Cet après-midi.
2. a. 13 h 30.
3. c. Du poulet.
4. b. Une glace.

Exercice 5, p. 30

1. a. Sur la place de la mairie.
2. b. Italiens.
3. c. 01.46.79.02.84.
4. a. De la pluie.

Exercice 6, p. 31

1. c. TGV 8570.
2. b. 15 minutes.
3. c. Mon billet.
4. a. Mon nom.

Exercice 8, p. 32

1. b. Demain.
2. a. 06.61.07.95.30.
3. c. 45 minutes.
4. b. Réserver le restaurant.

Exercice 9, p. 33

1. b. Vendeur.
2. b. 212.
3. c. Une lettre de motivation.
4. b. 16 h.

Exercice 11, p. 34

A. 1. – **B.** 3. – **C.** Ne correspond à aucune situation.
D. 2. – **E.** Ne correspond à aucune situation. – **F.** 4.

Exercice 12, p. 35

A. 1. – **B.** 4. – **C.** 3. – **D.** 2. – **E.** Ne correspond à aucune situation. – **F.** Ne correspond à aucune situation.

Exercice 14, p. 36

1. a. OUI
2. b. NON
3. a. OUI
4. b. NON
5. a. OUI

Exercice 15, p. 37

1. a. OUI
2. b. NON
3. b. NON
4. b. NON
5. a. OUI

Compréhension des écrits

Activité 1, p. 44

1. Juliette.
2. Vous recevez des amis.
3. Des desserts.
4. Image A.
5. À 15 h 30.

Activité 2, p. 44

1. Les voyageurs.
2. Image B.
3. Dans les chambres.
4. Passer à la réception.
5. Image B.

Activité 3, p. 45

1. Une carte postale.
2. En Bretagne.
3. Image B.
4. Dimanche.
5. Appeler.

Activité 4, p. 45

1. Un mariage.
2. Laurine et Antoine.
3. Le 30 juillet.
4. 2.
5. À 22 h 30.

Activité 5, p. 46

1. Des cours.
2. 55, rue Auguste Comte.
3. Image A.
4. 24, rue Albert Thomas.
5. L'après-midi.

Activité 6, p. 47

1. Image B.
2. Par la rue d'Arcole.
3. Par le quai de la Corse.
4. Samedi.
5. Près du bureau des admissions.

Activité 7, p. 47

1. Il y a un autre bureau de poste.
2. En août.
3. 27, rue des Renaudes.
4. De marcher.
5. Image A.

Activité 8, p. 48

1. Une invitation.
2. À 14 h 30.
3. Image B.
4. Le commissariat.
5. Image B.

Activité 9, p. 50

1. Regarder mon agenda.
2. Dans le jardin de l'entreprise.

3. À l'entrée de mon bâtiment.
4. De 8 h 30 à 17 h.
5. À 16 h.

Activité 10, p. 50

1. À la banque.
2. Mercredi.
3. À 14 h 15.
4. Lundi après-midi.
5. 34, rue Guillaume Apollinaire.

Activité 11, p. 51

1. À 10 h 30.
2. Le 18 décembre.
3. De 8 h 30 à 16 h.
4. Le 20 novembre.

Activité 12, p. 52

1. Secrétaire.
2. Vendeur.
3. L'offre n° 1839.
4. Professeur.
5. À 20 h.

Activité 13, p. 53

1. Un événement pour connaître ses voisins.
2. Image b.
3. Tous les voisins.
4. Une fois par an.
5. Vendredi.

Activité 14, p. 53

1. Dans le bâtiment de la faculté des lettres.
2. Un employé à l'accueil du centre de langues.
3. Dans le bâtiment de la faculté des lettres.
4. Dans le bâtiment de la faculté d'histoire.
5. Image a.

Activité 15, p. 54

1. Les étudiants de l'université.
2. En métro.
3. 5, rue Antoine Lavoisier.
4. Le 3e mardi.
5. À la maison des étudiants.

Activité 16, p. 55

1. Un magasin.
2. 1870.
3. 2005.

4. Aller au restaurant.
5. Image C.

Exercice 2, p. 57

1. a. À un anniversaire.
2. Image A.
3. c. Dimanche.
4. b. 18, rue Jean Moulin.
5. Image A.

Exercice 3, p. 58

1. Image B.
2. a. De 9 h à 12 h.
3. Image C.
4. a. Pour donner le chien à Clara.
5. b. Boulevard Paul Cézanne.

Exercice 5, p. 60

1. c. Venir au rendez-vous.
2. a. 0 €.
3. c. Place de la Libération.
4. b. À 11 h.
5. Image C.

Exercice 6, p. 61

1. b. Le vendredi.
2. c. Complète.
3. c. De la viande.
4. a. À pied.
5. Image C.

Exercice 8, p. 64

1. b. À 11 h.
2. b. Au bureau 102.
3. b. Lundi, mercredi et vendredi.
4. c. Au 4e étage.
5. a. Le matin.

Exercice 9, p. 64

1. b. Dans une semaine.
2. a. Le matin.
3. b. Le samedi et le dimanche.
4. b. 2 jours par semaine.
5. c. 20 heures.

Exercice 11, p. 66

1. b. 2.
2. c. La salle à manger.
3. b. Le dimanche soir.

4. a. Un téléphone portable.
5. Image B.

Exercice 12, p. 65

1. c. Le 3e mois.
2. c. Les Amériques.
3. b. Des fleuves.
4. c. À écrire le nom des capitales.
5. Image B.

Production écrite

Activité 1, p. 74

NOM : DELAYEN (en majuscules en France)
Prénom : Évelyne – Date de naissance : 14/03/196
E-mail : evelyne.delayen@wana.fr
Adresse : 21 rue de la Saussière
Code postal : 44 000 – Ville : Nantes
Pays : France
Téléphone : 02.40.41.93.36. (10 numéros)

Activité 2, p. 74

NOM : LOPEZ – Prénom : Esteban
Adresse : 15 avenue de la liberté
Code postal : 59 000 – Ville : Lille
Téléphone : 07.86.54.79.02.
Adresse électronique : elopez@gmai.fr
Âge : 27 ans

Activité 3, p. 75

Nom : MONLOUBOU – Prénom : Alain – Adresse complète : 10 rue Marcel Pagnol, 84120
Pays : France – Téléphone : 04 91 48 47 25 (les numéros de téléphone commencent pas 01 – 02 – 03 – 04 – 05 et 06 OU 07 pour les portables.)
E-mail : a.monloubou@courriel.fr – Article : 2 shampoings, 1 pantalon – Quantité : 3 – Prix : 2 shampoings à 20 euros ; un pantalon : 60 euros – PRIX TOTAL : 100 euros

Activité 4, p. 75

NOM : DUROC – Prénom : Antoine – Âge de l'élève : 12 ans – Niveau : débutant – Instrument de musique : piano – Horaires : mercredi soir, 19 heures

Activité 5, p. 75

Coordonnées (informations pour contacter une personne : Nom, Prénom, adresse postale, numéro de téléphone, adresse électronique) : Blanchard, Rémi, 25, rue Rodier, Paris 9e. 06.45.87.66.12 – Âge : 33 ans – Sexe : masculin – Nationalité : française – Profession : entraîneur international de golf – Sport pratiqué : course à pied – Fréquence : 2 heures par jour – Loisirs préférés : sport, cinéma et lecture.

Activité 6, p. 76

1. Vous – 2. Des amis français – 3. En été. 4. Dans les Alpes en France – 5. Écrire une carte postale – 6. Décrire ses activités et la météo. – 7. comment ?
Proposition
Chers amis, (à qui)
Je suis en vacances dans les Alpes (où). Il fait un temps magnifique (météo). L'été (quand), les fleurs sont très belles (décrire). Je fais de grandes randonnées (activités). Je reste ici dix jours. Vous pouvez me rejoindre pour le week-end ?
Je vous embrasse. Répondez-moi vite.
Doriane. (qui)

Activité 7, p. 76

1. C. – 2. A – 3. B.

Activité 8, p. 77

Proposition
Montréal, le 12 juillet 2016.
Salut !
Comment ça va ? (prendre des nouvelles) Moi, je vais très bien. Je suis à Montréal. C'est l'été, il fait très chaud ! Je me promène dans le Vieux-Montréal. C'est magnifique et romantique ! (lieu, description d'activités)
On se voit dans une semaine ? Téléphone-moi.
Je t'embrasse (prise de congé familière)

Activité 9, p. 77

Proposition
Vendredi 9 : Génial, je vais au cinéma avec ma meilleure amie ! – Samedi 10 : Je pars en week-end en Bretagne et je fais du bateau avec ma famille. – Dimanche 11 : Super, je vais à la plage et je mange des huîtres.

Activité 10, p. 77

Proposition
Bonjour,
Je m'appelle Seamus Mc Cracken, je suis irlandais. J'habite à Dublin. J'ai 25 ans et je suis étudiant en médecine. J'adore le surf et les jeux vidéo. Et

vous ? Qu'est-ce que vous aimez faire ? Vous aimez le sport ?
À bientôt, Seamus → Les mots de la consigne à retenir : présentez- habitez – faites – questions

Activité 11, p. 78

Proposition

Je suis Yuki Nonoshita. Je suis japonaise et j'ai 23 ans. Je suis étudiante. J'ai deux petites sœurs. J'étudie le français. Mon activité préférée est le tango. Je danse trois fois par semaine dans une école de tango à Paris. → Les mots de la consigne à retenir : présentation – famille – loisirs

Activité 12, p. 78

Proposition

Chers amis,

J'ai le plaisir de vous annoncer ma promotion de directeur général à Londres. (raison) Je vous invite à faire la fête au café Le Repère au 18, boulevard Haussmann le vendredi 11 septembre à 19 h (lieu, date, adresse). Merci de confirmer par mail avant lundi 7 septembre. (demande de confirmation)
Bien à vous, Gwénaëlle

Activité 13, p. 78

Proposition

Chers Mia et Luc,

C'est avec plaisir que j'accepte votre invitation dans votre maison de vacances (accepter). J'arrive le jeudi 12 août à la gare de Nice à 13 h 06 (détails). Je reste 5 jours (durée). Merci encore pour votre invitation ! Bises (formule de politesse)
Edwige

Activité 14, p. 79

Proposition

M. et Mme Monsaingeon ont le bonheur de vous annoncer le mariage de Chloé et Loïc samedi 25 septembre 2016 à la mairie de Manosque à 14 heures. Un cocktail suivra la cérémonie à la salle des fêtes de Manosque. Réponse souhaité avant le 18 août à monsaingeon@courriel.fr ou au 04.92.54.86.53. → Les mots de la consigne à retenir : invitation – mariage – date – lieu – coordonnées – confirmation.

Activité 15, p. 79

Proposition

Bonjour Michel,

Félicitations pour ton départ aux États-Unis ! Merci pour ton invitation. C'est gentil mais je ne peux pas accepter ton invitation. Je suis désolée, ce n'est pas possible : c'est l'anniversaire de ma mère. C'est dommage.
Amicalement, Yves → Les mots de la consigne à retenir : collègue – invite – refusez- expliquez. Adaptez la formule de politesse pour un collègue.

Exercice 2, p. 80

Proposition

Madame DURROUSSEAU Ghislaine, 08/04/1948 – gdurrous@courriel.fr – 21 rue du Mont Berny – 64000 – Pau- France – 05.59.87.24.72 – Toulouse

Exercice 3, p. 81

Proposition

Date d'arrivée : 04/08/2016 – Date de départ : 06/08/2016 – 2 adultes – 3 enfants – 1 chambre double – 3 chambres simples – petit-déjeuner – M. GOUPIL Christian – 06 74 36 98 21 – goupil@courriel.fr

Exercice 5, p. 82

Proposition

Mon cher ami,

Pour ton anniversaire, je t'invite à faire un saut à l'élastique. Je te propose de faire le grand plongeon au Viaduc de la Souleuvre près de Caen en Normandie le 12 octobre à 9 heures. Appelle-moi pour confirmer et apporte ta caméra pour filmer !

Gros bisous

→ Les mots de la consigne à retenir : proposer – anniversaire – date – lieu – saut – appeler – caméra.

Exercice 6, p. 83

Proposition

Chère voisine,

Je rentre mercredi prochain. Pouvez-vous arroser les plantes s'il vous plaît et prendre le courrier dans la boîte aux lettres ? Ne pas oublier les tomates sur le balcon ! Je vous remercie beaucoup.
Cordialement, Votre voisin.

→ Les mots de la consigne à retenir : message – voisine – 3 instructions – remerciez. Ici, on peut vouvoyer ou tutoyer la personne.

Exercice 7, p. 83

Proposition
Damien,
Merci pour ta proposition. Malheureusement, je travaille dimanche prochain. Je ne suis pas disponible et je peux pas faire une randonnée avec toi. C'est dommage ! Une prochaine fois ?
À bientôt, Charles → Les mots de la consigne à retenir : proposer – randonnée – expliquez – refusez/acceptez. Ici, on peut vouvoyer ou tutoyer la personne.

Exercice 8, p. 83

Proposition
Salut Alice,
Comment ça va ? Moi, je vais très bien. J'ai déménagé à Genève et ma nouvelle vie est fantastique. C'est une très belle ville avec la nature à côté. La qualité de vie est extraordinaire. Je rencontre des gens sympas et je ne m'ennuie pas.
Une bise, Lucie → Les mots de la consigne à retenir : déménagé – raconter – nouvelle vie – expliquez – refusez/acceptez.

Production orale

Activité 1, p. 90

« Bonjour. Je m'appelle Luc. Je suis belge. Je suis avocat. J'ai 24 ans. »
Il a un chien. / **Elle** est blonde. / **Son** père s'appelle David. → ces phrases présentent une autre personne.
J'ai un **livre**. / La **maison** est blanche. → ces phrases ne présentent pas Luc.

Activité 2, p. 90

Je m'appelle Fatima. J'ai 34 ans. Ma mère s'appelle Samia. J'ai un chien. Je suis espagnole.

Activité 3, p. 90

1. Il s'appelle Igor Bogrov. Il est russe. Il a 46 ans. Il est né le 25 mai 1970. Il habite à Moscou, en Russie. Il est grand. Il a des lunettes. Ses cheveux sont blonds.
2. Elle s'appelle Ling Wang. Elle est chinoise. Elle a 39 ans. Elle est née le 1er juillet 1977. Elle habite à Shanghai, en Chine. Elle est brune.
3. Il s'appelle Victor Campos. Il est mexicain. Il a 15 ans. Il est né le 9 février 2001. Il habite à Acapulco, au Mexique. Ses cheveux sont noirs.

Activité 4, p. 91

« Je m'appelle Steve. Je suis né le 13 janvier 1989. Ma sœur s'appelle Kelly. Elle est née le 23 septembre 1991. Mon père s'appelle Michael et il est né le 28 mai 1960. Ma mère s'appelle Sonia. Elle est née le 14 avril 1964. »

Activité 5, p. 91

A. Je joue de la guitare. / J'aime la guitare. / J'ai des cours de guitare.
B. Je joue au tennis. / Je fais du tennis.
C. Je vais au parc. / Je me promène dans le parc.
D. Je vais à la bibliothèque. / Je prends des livres à la bibliothèque.

Activité 6, p. 91

1. Le samedi, je fais…. / je joue…. / je vais….
2. Je fais…. / Je joue…. / Je vais….
3. Je joue au tennis, football, basketball…. / Je fais de la natation, de l'équitation….

Activité 7, p. 92

1. Le matin, je me lève à 7 h 30.
2. À la télévision, je regarde des films d'action.
3. Le midi, je mange de la viande.
4. Au parc, j'aime les jeux.
5. Le dimanche, je vois mes parents.

Activité 8, p. 92

« Le matin, je joue du piano. Après, je vais à la piscine. / je fais de la natation. Je rentre chez moi à 18 h 00. Je mange un gâteau au chocolat. / je mange un peu de gâteau au chocolat. Je me couche à 22 h 30. / Je dors à 22 h 30. »

Activité 9, p. 92

1. J'ai 20 ans. – **2.** J'habite à Washington.
3. Je vais au cinéma. – **4.** Je fais du tennis.

Activité 10, p. 93

1. J'ai (un) frère et (deux) sœurs. Ils s'appellent (X), (Y) et (Z). / Oui, j'ai (deux) frères. Ils s'appellent (X) et (Y). / Non, je n'ai pas de frères et sœurs.
2. Je suis (nationalité).
3. Je suis né(e) le (23 janvier 1975). / Ma date de naissance est le (18 septembre 1992).
4. Le samedi et le dimanche, je vais au / à la…. / je fais…. / Le samedi, je…. et le dimanche je…..

Activité 11, p. 93

2. J'ai un frère et deux sœurs.
3. Je me lève à sept heures et je vais à l'université à huit heures.
4. Je fais de l'équitation.
5. J'habite à Madrid, en Espagne.
6. Mon père s'appelle Thomas et ma mère s'appelle Angelina.
7. Mon père a quarante et un ans et ma mère a trente huit ans.

Activité 12, p. 93

Question n° 1 : J'ai 50 ans.
Question n° 2 : J'ai des oiseaux.
Question n° 3 : Ma mère s'appelle Louise et mon père, lui, s'appelle André.
Question n° 4 : Je fais du vélo le samedi et après, je vais au cinéma avec mes amis.
Question n° 5 : Je suis chirurgien.

Activité 13, p. 94

– Bonjour.
– Bonjour.
– Bienvenue à votre épreuve de production orale du DELF A1. Le premier exercice est un entretien dirigé. Je vous pose des **questions** pour vous connaître. Ça va ? Est-ce que nous pouvons **commencer** ?
– Oui, ça va.
– **Comment** est-ce que vous vous appelez ?
– Je m'appelle Youssef.
– Est-ce que vous pouvez **épeler** votre **prénom** s'il vous plaît ?
– Y-O-U-S-S-E-F.
– Et quel **âge avez-vous** ?
– 26 ans. J'ai 26 ans.
– Merci. Combien de **frères** et **sœurs** avez-vous ?
– J'ai un **frère** et deux **sœurs**.
– Comment s'appellent-ils ?
– Mon **frère** s'appelle Ahmed et mes **sœurs** s'appellent Liliane et Sara.
– Est-ce que vous faites un **sport** ?
– Oui.
– Quel **sport** est-ce que vous faites ?
– Je fais du basketball et du karaté.
– D'accord. Et vous faites ces **sports** quels **jours** ?
– Le basketball, c'est le **mercredi** et le **samedi**. Je fais du karaté le **mardi** et le **jeudi**.
– Merci Youssef. L'exercice 1 est terminé. Nous passons **maintenant** à l'exercice 2.

Activité 14, p. 95

Vie privée : âge / enfants / nationalité / adresse.
Vie professionnelle : métier / diplôme / secrétaire / réunion.
Loisirs : parc / cinéma / piano / rugby.

Activité 15, p. 95

Le sport :
– Types de sport : football, basketball, rugby, équitation, vélo.
– Verbes : jouer, gagner, perdre, faire.
– Lieux : stade, piscine.
– Personnes : sportif, spectateur.
– Autres : inscription, jours, horaires.
Les transports :
– Moyens de transport : voiture, bus, vélo, taxi, métro, moto, train, avion, bateau, tramway.
– Verbes : voyager, partir, arriver, attendre, réserver, visiter.
– Lieux : gare, aéroport, station, quai, voie, rue, route.
– Personnes : voyageur, chauffeur.
– Autres : tourisme, voyage, vol, départ, arrivée, retard, billet, ticket, réservation, bagage, valise.
Les études :
– Matières : cours, langues vivantes, français, anglais, mathématiques, histoire, géographie, chimie, physique.
– Verbes : étudier, apprendre, lire, écrire, compter, comprendre.
– Lieux : école, université, classe, salle.
– Personnes : étudiant, élève, professeur.
– Autres : exercice, inscription, devoirs, leçon, note, diplôme.

Activité 16, p. 95

Téléphone → Numéro
Acteur → Cinéma
Chanter → Musique
Maison → Chambre
Bureau → Ordinateur
Père → Famille
Magasin → Acheter

Activité 17, p. 96

Hiver : mois / météo / neige
Déjeuner : plat / restaurant / manger
Métro : transport / ticket / voyager
Internet : ordinateur / lire / informations

Théâtre : spectacle / billet / loisir
Situation de famille : célibataire / marié / enfants

Activité 18, p. 96

Nom → Comment ?
Adresse → Où ?
Nombre → Combien ?
Personne → Qui ?
Date → Quand ?

Activité 19, p. 96

1. Où habitez-vous ?
2. Comment s'appelle votre femme ?
3. Quand allez-vous au cinéma ?
4. Comment est-ce que vous allez à votre bureau ?
5. Combien avez-vous de frères et de sœurs ?
6. Quelle est votre profession ?
7. Vous lisez **quoi** ?
8. Quelle est votre nationalité ?
9. Quel est votre film préféré ?
10. Qu'est-ce que vous faites le dimanche ?

Activité 20 p. 96

1. À quelle heure est-ce que vous mangez le soir ?
2. Quelles langues est-ce que vous parlez ?
3. Quelle est votre couleur préférée ?
4. Le samedi vous faites quoi ?
5. Comment est-ce que vous allez à l'école ?

Activité 21, p. 97

1. Combien d'animaux avez-vous ? / Est-ce que vous avez un chien ? / Quel est votre animal préféré ?
2. Combien d'amis avez-vous ? / Comment s'appelle votre meilleur ami ? / Qui est votre meilleur ami ? / Qu'est-ce que vous faites avec vos amis ?
3. Est-ce que vous aimez la plage ? / Où allez-vous en vacances ? / Quelle est votre plage préférée ?
4. Quel instrument est-ce que vous jouez ? / Quel type de musique écoutez-vous ? / Est-ce que vous écoutez la radio ?
5. Est-ce que vous avez un stylo bleu ? / Combien de stylos avez-vous ? / Où est votre stylo ? / Comment est-ce que vous écrivez ?

Activité 22, p. 97

1. Ma couleur préférée est le bleu. → Moi, c'est le vert.
2. J'ai un chien et deux chats. → Ah, c'est bien. Moi je n'ai pas d'animaux.
3. Je n'ai pas d'animaux. → Ah, moi j'ai un chien.
4. J'aime aller au cinéma avec mes amis. → Moi aussi.
5. L'été, je vais en vacances à la mer. → D'accord. Où est-ce que vous allez ?
6. Je ne prends pas le métro. → Moi non plus.

Activité 23, p. 97

1. Moi non plus. / Moi, j'aime le jus d'orange. / Moi, je préfère l'eau.
2. D'accord, merci.
3. Moi aussi. / Moi, je n'aime pas.
4. Et moi, je parle anglais et un peu français.
5. Ah bon ? C'est beaucoup ! / Et qu'est-ce que vous achetez ?

Activité 25, p. 98

2. Quelle est la date de votre anniversaire ? ↗
3. La date de mon anniversaire est le 13 mai. ↘
4. La date de mon anniversaire ? ↗ C'est le 13 mai. ↘
5. Est-ce que vous aimez la télévision ? ↗
6. Vous aimez la télévision. ↘
7. Combien de frères avez-vous ? ↗
8. Vous avez deux frères. ↘ Moi, j'ai un frère. ↘
9. Le samedi, ↘ vous faites quoi ? ↗
10. Le samedi , ↘ vous allez au parc. ↘ Avec qui ? ↗
11. J'aime les chats. ↘ Pourquoi ? ↗ Je ne sais pas. ↘

Activité 26, p. 98

– L'exercice 2 est un échange d'informations. Vous me posez des **questions** pour me connaître. Utilisez les mots pour poser vos **questions**.
– **Quelle** est votre **nationalité** ?
– Je suis française. Et **vous** ?
– Moi, je suis **syrien. Combien de langues** est-ce que vous parlez ?
– Je parle **français, anglais** et **un peu italien**.
– Oh, d'accord. Moi aussi je parle **anglais, un peu français** mais **pas italien**. Je parle **espagnol**. À **quelle heure** vous vous levez ?
– Je me lève à 6 h 30 tous les jours.
– C'est **tôt** !
– Oui, c'est vrai. Je travaille **tôt**.
– **Est-ce que** vous avez un appartement ou une maison ?
– J'ai une maison.

– Moi, j'habite dans un appartement. Et **comment** est-ce que vous venez à l'école ?
– Je viens en **métro**, c'est rapide !
– Oh, **moi aussi** !
– Merci. L'exercice 2 est terminé. Nous passons maintenant à l'exercice 3.

Activité 27, p. 99

Saluer : Bonjour Madame / Salut / Bonsoir + Bienvenue
Prendre congé : Bonne journée / Au revoir / Salut / À bientôt / + À demain / À plus tard / À la semaine prochaine

Activité 28, p. 99

Dialogue n° 1 : – **Salut** ! Ça va ?
– Ça va bien et toi ?
– Je vais bien. On va au cinéma ce soir ?
– D'accord.
– Super ! **À ce soir. / À tout à l'heure.**
Dialogue n° 2 : – **Bonjour Madame.** Je voudrais une baguette s'il vous plaît.
– Une baguette ! Est-ce que vous voulez autre chose ?
– Non merci.
– Merci Monsieur. **Au revoir. / Bonne journée.**
Dialogue n° 3 : – **Bonsoir**. Il est tard ! Qu'est-ce que vous faites ici ?
– Oh, pardon Monsieur ! Je rentre chez moi.
– **Au revoir. / Bonsoir / Bonne soirée.**
– **Bonsoir Monsieur. / Bonne soirée Monsieur.**

Activité 29, p. 99

1. <u>Excusez-moi</u>, je cherche un livre <u>s'il vous plaît</u>.
2. Je <u>voudrais</u> un kilo de tomates <u>s'il vous plaît</u>.
3. Bonjour <u>Madame / Monsieur.</u> <u>Quel est le prix</u> de la robe <u>s'il vous plaît</u> ?
4. Voilà 22 euros. <u>Merci. Au revoir et bonne journée.</u>
5. <u>Est-ce que vous pouvez</u> me donner le prix <u>s'il vous plaît</u> ?

Exemple

Dialogue formel : – Bonjour Madame. Est-ce que vous avez un pantalon bleu s'il vous plaît ?
– Bien sûr. Quelle est votre taille ?
– Excusez-moi, est-ce que vous pouvez répéter s'il vous plaît ?
– Quelle taille souhaitez-vous ?
– 38 s'il vous plaît. Quel est le prix ?

– C'est 19 euros.
– Merci.
Dialogue informel : – Salut ! Est-ce que tu as un pantalon bleu s'il te plaît ?
– C'est pour toi ? Oui, bien sûr ! Tu fais quelle taille ?
– Quoi ? Pardon ?
– Quelle est ta taille ?
– 38.
– D'accord !
– Merci.

Activité 30, p. 100

1. Est-ce que vous avez des carottes ? / Quel est le prix du kilo de carottes ?
2. Est-ce que vous avez des cahiers bleus et rouges ? / Combien coûte le cahier ?
3. Quelle est la télévision la plus grande dans le magasin ? / Est-ce que je peux acheter cette télévision ?
4. Quel pain est-ce que vous avez ? / Combien coûte une baguette ?
5. À quelle heure est le film ? / Quels sont les films aujourd'hui au cinéma ?

Activité 31, p. 100

1. Combien coûte ce magazine ?
2. Est-ce que je peux avoir la carte s'il vous plaît ?
3. Est-ce que vous avez des pulls bleus ?
4. Est-ce que je peux payer en espèces ?
5. Quelle est la taille de cette jupe ?

Activité 32, p. 100

1. Type de musique : rock, salsa, valse… / Type de chanteur : le préféré des Français, le plus vendu, jeune, groupe…
2. Couleur : blanche, bleue, rouge… / Taille : petite, moyenne, grande, 32, 34, 36…
3. Personne : enfant, adolescent… / Âge : 8 ans, 10 ans, 12 ans…
4. Fête : anniversaire, départ… / Goût : chocolat, vanille, fraise…
5. Type : roman, aventure, amour… / Année : de cette année, de 2015, de 2014…

Activité 33, p. 101

1. En entrée, je voudrais la soupe de poissons. Pour le plat, je souhaite le poulet avec du riz. Et pour le dessert, la crème brûlée. Et de l'eau s'il vous plaît.

2. Je suis disponible les lundis, mercredis et vendredis entre 17 h et 20 h. J'aime les sports avec un ballon. Je peux commencer la semaine prochaine.
3. J'aime les films d'action et les comédies. Mais je n'aime pas les films d'amour. Je dois rentrer chez moi avant 21 h.

Activité 34, p. 101

Image C.

Activité 35, p. 102

1. 115 €. – **2.** 7,70 €. – **3.** 16 €. – **4.** 68 €.

Activité 36, p. 102

1. Bonjour Monsieur. Je voudrai<u>s</u> <u>u</u>ne boîte de chocolats. C'est pour <u>u</u>n <u>a</u>nniversaire.
2. Quel <u>e</u>st le prix d'un<u>e</u> <u>e</u>nveloppe s'il vous plaît ?
3. Le menu <u>e</u>st <u>à</u> treize <u>e</u>uros, c'est ça ?
4. Est-ce que vous <u>a</u>vez un <u>a</u>nimal noi<u>r</u> <u>e</u>t blanc ?
5. Je cherche des chaussures pour jouer au tennis avec me<u>s</u> <u>a</u>mis.

Activité 37, p. 102

– L'exercice 3 est un dialogue simulé. Nous sommes dans une épicerie. Vous voulez acheter des produits. Vous êtes le client et je suis la vendeuse. Nous commençons.
– Bonjour Madame.
– Bonjour Monsieur.
– Je **voudrais** acheter du sucre et des tomates s'il vous plaît.
– Oui, combien de **kilos** de sucre ?
– 2 **kilos** de sucre s'il vous plaît.
– D'accord et combien de tomates ?
– 1 kilo de tomates s'il vous plaît. **Quel est le prix** du kilo de tomates ?
– 1,30 €.
– Merci. Et **combien coûte** le sucre ?
– Le sucre ? C'est 3 € pour les 2 kilos.
– Merci.
– Est-ce que vous voulez **autre chose** Monsieur ?
– Oui, je voudrais **aussi** du pain s'il vous plaît. **Est-ce que** vous avez des baguettes ?
– Oui, combien de baguettes est-ce que vous voulez ?
– **Seulement** 1 baguette. **Quel est le prix ?**
– La baguette coûte 0,70 € (70 centimes).
– Merci. Quel est le **prix total** pour le sucre, les tomates et la baguette s'il vous plaît ?
– Alors, le **prix total** est de 5 €. Comment est-ce que vous payez Monsieur ?
– Je paye **en espèces**. Et voilà 5 €.
– Merci Monsieur. Et voilà vos produits.
– Merci beaucoup. Au revoir Madame et **bonne journée**.
– Au revoir Monsieur. Merci Youssef. L'épreuve est terminée. »

Exercice 2, p. 103

1. J'ai … frères(s) et … sœur(s). Ils s'appellent… / Je n'ai pas de frères et sœurs.
2. J'ai … ans.
3. Le samedi, je vais… / je fais…
4. Je parle …, … et … .
5. Je suis…

Exercice 3, p. 103

1. Mes activités préférées sont… / J'aime…
2. J'habite…
3. Ma maison / Mon appartement est…
4. Le matin, je mange… Le midi, je mange… Et le soir, je mange… Je mange à …h…
5. J'ai … animaux. Ils s'appellent… / Je n'ai pas d'animaux.

Exercice 5, p. 105

Questions possibles
Profession ? → Quelle est votre profession ?
Dormir ? → À quelle heure est-ce que vous dormez ?
Couleur ? → Est-ce que vous aimez le bleu ?
Devoirs ? → Où est-ce que vous faites vos devoirs ?
Vélo ? → Quand faites-vous du vélo ?
Cinéma ? → Est-ce que vous allez au cinéma avec vos amis ou avec votre famille ?

Exercice 6, p. 105

Questions possibles
Nationalité ? → Quelle est votre nationalité ?
Famille ? → Comment s'appelle votre frère ?
Animal ? → Combien d'animaux est-ce que vous avez ?
Internet ? → Quand est-ce que vous utilisez internet ?
Heure ? → À quelle heure est-ce que vous arrivez au travail ?
Sport ? → Est-ce que vous jouez au football ?

Exercice 8, p. 106

Questions possibles : Est-ce que je peux avoir la carte/le menu s'il vous plaît ? / Quel est le prix du dessert ?/ Combien coûte un café ? / Est-ce que je peux avoir l'addition s'il vous plaît ? / Est-ce que je peux payer avec une carte bancaire ?

Phrases possibles : En entrée, je voudrais une salade et des tomates s'il vous plaît. / Pour le plat, je voudrais du poulet. / Et pour le dessert, je voudrais un morceau de tarte aux pommes/de la tarte aux pommes. / Excusez-moi, est-ce qu'il est possible d'avoir un café s'il vous plaît ? / Je voudrais du pain aussi, s'il vous plaît. / Ce n'est pas cher.

Exercice 9, p. 106

Questions possibles : Quels sports il y a dans le centre de loisirs ? / Le tennis, c'est quel jour ? / Quels sont les horaires des cours de judo ? / Combien coûte l'inscription à la piscine ? / Est-ce que je dois payer maintenant ?

Phrases possibles : Je voudrais m'inscrire au basketball. / Je suis disponible le lundi et le jeudi. / Je peux commencer les cours demain. / Le matin, je ne peux pas. L'après-midi, c'est possible à partir de 16 h 00. / Je voudrais payer avec un chèque.

Épreuve blanche 1

Exercice 1, p. 112

1. B. Votre cousin.
2. B. Dans votre ville.
3. Image B.
4. C. 20 h.

Exercice 2, p. 112

1. Image C.
2. B. Entre 14 h et 16 h.
3. Image B.
4. B. Demain.

Exercice 3, p. 113

1. C. Le secrétaire du directeur.
2. B. 10 h.
3. B. D'hier.
4. A. Votre ordonnance.

Exercice 4, p. 113

Image A : dialogue n° 4. – Image B : dialogue n° 1. – Image C : Ne correspond à aucune situation. – Image D : Ne correspond à aucune situation. – Image E : dialogue n° 2. – Image F : dialogue n° 3.

Exercice 5, p. 114

1. A. Oui
2. A. Oui
3. B. Non
4. B. Non
5. A. Oui

Exercice 1, p. 115

1. A. Le matin.
2. Image B.
3. A. En face de la porte B.
4. B. 2.
5. Image C.

Exercice 2, p. 116

1. B. 4.
2. C. Pour annuler.
3. C. Samedi.
4. Venir sur place.
5. Image B.

Exercice 3, p. 117

1. A. De 11 h 30 à 12 h 30.
2. B. À 10 h 30.
3. A. Avec le directeur.
4. B. 2 mois.
5. C. Au 3e étage.

Exercice 4, p. 117

1. C. S'écrire des mots d'amour.
2. Image B.
3. C. Aller au restaurant.
4. C. Du parfum.
5. A. Au cinéma.

Exercice 1, p. 119

Proposition de corrigé :
Ici, vous pouvez inventer un personnage.
Nom : XXXXXXXX
Prénom : Anke
Date de naissance : 20/08/1980 ou en toutes lettres
Nationalité : Allemande.
Adresse électronique : anke@denhaag.com
Numéro de téléphone : 0031703514961
Sport pratiqué : natation
Durée de l'abonnement : 1 an

Jour préféré : lundi
Nombre de séances par semaine : 1
N° de tél d'un médecin : 0031703560477

Exercice 2, p. 119

Proposition de corrigé :
Chers amis, (À qui)
Je vous souhaite une merveilleuse année. (présenter ses vœux) Je vous invite à venir me voir à Marseille au printemps du 15 au 20 avril (inviter + ville + dates). On peut faire de belles balades dans les calanques ou faire du cheval en Camargue. (activités) Bises
À bientôt (prise de congés) Anne-Laure (qui)

Partie 1, p. 120

Exemple d'entretien possible :
EXAMINATEUR – Quel est votre nom ?
CANDIDAT – Mon nom est El Ayoubi.
EXAMINATEUR – Pouvez-vous épeler votre nom ?
CANDIDAT – Mon nom s'écrit E-L-A Y-O-U-B-I.
EXAMINATEUR – Parlez-moi de vos activités. Qu'est-ce que vous faites le soir, le week-end ?
CANDIDAT – Le soir, je lis et je me couche très tôt. Le week-end, je me promène avec mes enfants.
EXAMINATEUR – Quel sport est-ce que vous faites ?
CANDIDAT – Je cours pour me préparer au marathon.
EXAMINATEUR – Quel jour vous courrez ?
CANDIDAT – Je cours le mardi, le jeudi et le vendredi.
EXAMINATEUR – D'accord. Parlez-moi maintenant de vos meilleurs amis.
CANDIDAT – Ma meilleure amie s'appelle Hekmat. Elle a 44 ans. Elle est chef d'entreprise. Elle travaille beaucoup !
EXAMINATEUR – Et vous ? Est-ce que vous travaillez ou vous étudiez ?
CANDIDAT – Moi, je travaille. Je suis commerciale dans une société d'informatique.
EXAMINATEUR – Où travaillez-vous ?
CANDIDAT – Je travaille dans un bureau à Nantes.
EXAMINATEUR – Merci.

Partie 2, p. 120

Questions possibles :
Frère : Avez-vous un frère ? Combien de frères vous avez ?
Marié : Est-ce que vous êtes marié ? Comment s'appelle votre mari/femme ?
Voyage : Est-ce vous aimez voyage ? Vous voyagez beaucoup ? Quel est votre dernier voyage ?
Âge : vous avez quel âge ? Quel âge avez-vous ?
Cadeau : Vous aimez les cadeaux ? Vous offrez des cadeaux à votre famille ? Quels types de cadeaux vous aimez offrir ?
Musique : Quel genre de musique vous écoutez ? Vous jouez du piano ? Vous chantez ?
Forêt : Est-ce que vous aimez la forêt ? Est-ce qu'il y a des forêts dans votre pays ?
Chef : Est-ce votre chef est un bon manager ? Votre chef est sympathique ? Comment est votre chef ?
Ordinateur : Vous avez un ordinateur ? Quand est-ce que vous utilisez votre ordinateur ? Comment est votre ordinateur ?
Études : Est-ce que vous étudiez ? Quels sont vos diplômes ? Quelle est votre spécialité ? Quel est votre niveau d'études ? Vous avez étudié dans quelle université ?
Diplôme : Vous avez un diplôme ? Quelle est votre spécialité ? Quel est votre niveau d'études ?
Langues : Combien de langues parlez-vous ? Quelle est votre langue préférée ? Quelle est votre langue maternelle ?

Partie 3, p. 120

Proposition de corrigé :
Sujet 1 : À la boulangerie
Vous êtes en France. Vous allez à la boulangerie. Vous demandez des informations au vendeur. Vous choisissez trois produits et vous payez.
Bonjour. Je voudrais un croissant s'il vous plaît. / Combien coûte une baguette ? /
Est-ce que je peux avoir une part de tarte aux pommes s'il vous plaît ? Un pain de campagne tranché s'il vous plaît ? Quel est le prix total ? Merci, au revoir.

Sujet 2 : Dans une parfumerie
Bonjour. Je voudrais offrir un cadeau à une amie s'il vous plaît. / Vous me conseillez quel parfum ? / Est-ce que vous avez des crèmes aux huiles essentielles ? Combien coûte ce parfum ? Est-ce que je peux sentir ce parfum ? Quel est le prix total ? Merci, au revoir.

Sujet 3 : À la pharmacie
Vous avez du mal à dormir. Vous allez à la pharmacie et demandez un médicament pour vous aider.
Bonjour, je voudrais un médicament pour m'aider à dormir. Vous avez du sirop ? Quelle tisane vous me conseillez ? Est-ce que je peux prendre du sirop et des cachets ? Combien coûte cette boîte de pastilles s'il vous plaît ? Merci de votre aide. Bonne journée. Au revoir.

Épreuve blanche 2

Exercice 1, p. 121

1. A. Vendredi.
2. C. Sur le site internet du cinéma.
3. C. Envoyer un message à Cyril.
4. Image B.

Exercice 2, p. 121

1. B. La fête des mères.
2. B. 15 %.
3. Image C.
4. Image A.

Exercice 3, p. 122

1. A. Rue Napoléon.
2. C. 6806.
3. C. En décembre.
4. A. Pour prendre votre contrat.

Exercice 4, p. 122

Image A : Ne correspond à aucune situation.
Image B : Ne correspond à aucune situation.
Image C : dialogue n° 2.
Image D : dialogue n° 4.
Image E : dialogue n° 3.
Image F : dialogue n° 1.

Exercice 5, p. 123

1. B. Non
2. A. Oui
3. A. Oui
4. B. Non
5. A. Oui

Exercice 1, p. 124

1. Image B.
2. A. À 14 h 30.
3. C. Tout droit, de la mairie à la rue Leclerc.
4. Image B.
5. A. Le 20 avril.

Exercice 2, p. 125

1. B. Les grandes plantes.
2. B. Au 1ᵉʳ étage.
3. A. Préparer des bouquets de fleurs.
4. A. Le magasin donne une rose à chaque client.
5. Image B.

Exercice 3, p. 126

1. C. L'informatique.
2. C. 10 h 30.
3. B. Samia.
4. A. 10 %.
5. A. Un cahier.

Exercice 4, p. 127

1. A. Le président de l'université.
2. B. La compréhension orale.
3. A. Du lundi au jeudi.
4. A. Manger et boire.
5. Image C.

Exercice 1, p. 128

Ici, vous pouvez inventer un personnage.

Exercice 2, p. 128

Proposition de corrigé :
Salut Julie,
Je suis en vacances en France. Je suis à Paris avec ma famille. Nous visitons des musées et des monuments. Je mange beaucoup. J'aime le pain et le fromage français. Demain, nous allons à la Tour Eiffel. Et toi, tu vas bien ? Qu'est-ce que tu fais ?
Bises

Partie 1, p. 129

Exemple d'entretien possible :

EXAMINATEUR – Je vais vous poser des questions. Première question. Comment s'appellent vos parents ?

CANDIDAT – Mes parents s'appellent Patricia et Mauricio.

EXAMINATEUR – D'accord, merci. Dites-moi, qu'est-ce que vous faites le soir ?

CANDIDAT – Le soir, je rentre chez moi à 18 heures. Je lis un livre. Après, je mange et je regarde la télévision. Je dors à 22 heures.

EXAMINATEUR – Oh, c'est tôt ! Maintenant, qu'est-ce que vous mangez le midi ?

CANDIDAT : Le midi, je mange des frites et de la viande. Pour le dessert, je prends de la glace. J'adore la glace.

EXAMINATEUR – Moi aussi j'adore la glace ! Et quelle musique est-ce que vous écoutez ?

CANDIDAT – Oh, je n'écoute pas beaucoup de musique. J'écoute un peu de rock.

EXAMINATEUR – D'accord. Et vous faites du sport ? Quel est votre sport préféré ?

CANDIDAT – Oui, je fais du sport. Je fais du tennis le week-end.
EXAMINATEUR – Avec qui ?
CANDIDAT – Avec mon amie, Sofia.
EXAMINATEUR – Merci pour vos réponses.

Partie 2, p. 129

Questions possibles :

Poisson : Qu'est-ce que vous mangez avec du poisson ? / Quand est-ce que vous mangez du poisson ?
Voiture : Comment est votre voiture ? / Est-ce que vous avez le permis de conduire ?
Lunettes : Quelle est la couleur de vos lunettes ? / Vous avez combien de lunettes ?
Messages : Combien de messages est-ce que vous écrivez par jour ? / Qui vous écrit beaucoup de messages ?
Juin : Qu'est-ce que vous faites en juin ? / Quel mois de l'année est-ce que vous préférez ?
Nationalité : Quelle est votre nationalité ? / Quelle est la nationalité de votre femme ?
Bleu : Quelle est votre couleur préférée ? / Quels vêtements bleus est-ce que vous avez ?
Enfant : Combien d'enfants est-ce que vous avez ? / Comment s'appellent vos enfants ?
Dimanche : Qu'est-ce que vous faites le week-end ? / Où est-ce que vous allez le dimanche ?
Vacances : Vos vacances, c'est quand ? / Vous allez où pour vos vacances ?
Parc : Avec qui est-ce que vous allez au parc ? / Qu'est-ce que vous faites au parc ?
Film : Quel est votre film préféré ? / Combien de fois par mois est-ce que vous allez au cinéma ?

Partie 3, p. 129

Proposition de corrigé :

Sujet 1 – Au magasin de vêtements

Bonjour. Est-ce que vous pouvez m'aider s'il vous plaît ? J'aimerais des vêtements. / Je voudrais un pantalon s'il vous plaît. Vous avez quelles couleurs ? / Je voudrais un pantalon noir. Quelles sont les tailles ? / D'accord, merci. Je voudrais la taille 40. Et est-ce que vous avez des tee-shirts ? / Je cherche un tee-shirt rouge avec la Tour Eiffel. Est-ce que vous avez ce tee-shirt ? / Merci. Combien coûte le tee-shirt ? / Ah, d'accord, ce n'est pas cher. Alors je voudrais le pantalon noir et le tee-shirt s'il vous plaît. Quel est le prix total ? / Est-ce que je peux payer en espèces ? / Et voilà. Merci. Au revoir et bonne journée.

Sujet 2 – Au restaurant

Bonjour. J'aimerais des informations sur le menu s'il vous plaît. Quel est le plat du jour ? / D'accord, merci. Est-ce que je peux avoir du poulet avec des légumes ? / Est-ce qu'il y a des entrées ? / Pour le dessert, combien coûte le gâteau au chocolat ? / C'est cher. Je voudrais de la glace s'il vous plaît. Est-ce que vous avez de la glace au chocolat ? / Pour les boissons, qu'est-ce que vous avez ? / Merci, je voudrais de l'eau. Quel est le total s'il vous plaît ? / Est-ce que vous acceptez les cartes bancaires ? / Merci Madame/Monsieur.

Sujet 3 – À la papeterie

Bonjour Madame/Monsieur. Je suis étudiant à l'université. Je voudrais du matériel pour travailler. Est-ce que je peux vous poser des questions s'il vous plaît ? / Merci. Je voudrais trois cahiers. Vous avez quelles couleurs ? / D'accord, je voudrais deux cahiers bleus et un cahier rouge. Est-ce qu'ils sont petits ou ils sont grands ? / Je préfère les petits cahiers merci. Je voudrais un dictionnaire de langue française. Vous avez ce dictionnaire dans votre magasin s'il vous plaît ? / Très bien. Il coûte combien ? / Et il faut des stylos. Combien coûte un stylo ? / D'accord, je voudrais cinq stylos. Est-ce que je peux payer avec des espèces ? C'est combien le total ? / Voilà l'argent. Merci. Au revoir Madame/Monsieur.

Crédits photographiques et illustrations

Références des images

9 danwilton - iStockphoto ; 10 TheMoenCanvas - Fotolia.com ; 10 yupiramos - 123rf ; 13 (bg) snvv - Fotolia.com ; 13 (bd) Pictures news - Fotolia.com ; 13 (bm) Tom Wang - Fotolia.com ; 18 (a) Christophe Fouquin - Fotolia.com ; 18 (b) JackF - Fotolia.com ; 18 (c) contrastwerkstatt - Fotolia.com ; 19 (d) markobe - Fotolia.com ; 19 (e) sanderstock - stock.adobe.com ; 19 (f) davizro photography - Fotolia.com ; 24 (ba) borisyankov - iStockphoto ; 24 (bb) Styfouphoto - stock.adobe.com ; 24 (bc) Pako - stock.adobe.com ; 24 (bd) Pavel Losevsky - stock.adobe.com ; 24 (be) felinda - stock.adobe.com ; 24 (ma) oloni - stock.adobe.com ; 24 (mb) Piotr Pawinski - stock.adobe.com ; 24 (hga; hgb) art_zzz - stock.adobe.com ; 24 (hda) Dejan Jovanovic - stock.adobe.com ; 24 (hdb) Nikolai Sorokin - stock.adobe.com ; 25 (hg) rh2010 - stock.adobe.com ; 25 (hd) Dariusz Jarzabek - stock.adobe.com ; 25 (hm) Jon Lovette/GettyImages ; 25 (ma) Igor Savenchuk - stock.adobe.com ; 25 (mb) Franck Dunouau/Photononstop ; 25 (mc) Pixel-Shot - stock.adobe.com ; 25 (md) Kuzmick - stock.adobe.com ; 25 (me) steno_mar - stock.adobe.com ; 25 (mf) Олег - stock.adobe.com ; 25 (mg) Sergii Moscaliuk - stock.adobe.com ; 25 (mh) Natika - stock.adobe.com ; 25 (bdb1) sdecoret - stock.adobe.com ; 25 (bdb2) Tiler84 - stock.adobe.com ; 25 (bdb3) Hamilton/Réa ; 25 (bga1) sdecoret - stock.adobe.com ; 25 (bga2) alexvav - stock.adobe.com ; 25 (bga3) Philippe Turpin/Photononstop ; 26 (ha) Fotony76 - stock.adobe.com ; 26 (hb) prapann - stock.adobe.com ; 26 (hc) Olivier Rault - stock.adobe.com ; 26 (hd) Riccardo Milani/Hans Lucas/AFP Photos ; 26 (he) images and videos - stock.adobe.com ; 26 (ba) Jacek Chabraszewski - stock.adobe.com ; 26 (bb) New Africa - stock.adobe.com ; 26 (bc) Viktor - stock.adobe.com ; 26 (bd) guy - stock.adobe.com ; 26 (be) ozmen - stock.adobe.com ; 26 (bf) Pixel-Shot - stock.adobe.com ; 27 (ha) Jacek Chabraszewski - stock.adobe.com ; 27 (hb) guy - stock.adobe.com ; 27 (hc) Viktor - stock.adobe.com ; 27 (he) New Africa - stock.adobe.com ; 27 (hd) Pixel-Shot - stock.adobe.com ; 27 (hf) Paulista - stock.adobe.com ; 27 (bg1) Steno - stock.adobe.com ; 27 (bg2) Brad Pict - stock.adobe.com ; 27 (bg3) Gilang Prihardono - stock.adobe.com ; 27 (bd1) Stocksnapper - stock.adobe.com ; 27 (bd2) Hamilton/Réa ; 27 (bd3) den-belitsky - stock.adobe.com ; 29 (ba) Serhiy Shullye - Fotolia.com ; 29 (bb) exclusive-design - Fotolia.com ; 29 (bc) ExQuisine - Fotolia.com ; 29 (ha) wabeno - stock.adobe.com ; 29 (hb) monticellllo - stock.adobe.com ; 29 (hc) BillionPhotos.com - stock.adobe.com ; 36 (h1) Aurore Thibault/Hans Lucas/AFP Photos ; 36 (h2) sp4764 - stock.adobe.com ; 36 (h3) Vitaly Krivosheev - stock.adobe.com ; 36 (h4) Sylvie Thenard - stock.adobe.com ; 36 (h5) Picture Partners - stock.adobe.com ; 36 (b1) Valentin - stock.adobe.com ; 36 (b2) Mara Zemgaliete - stock.adobe.com ; 36 (b3) Sergii Moscaliuk - stock.adobe.com ; 36 (b4) Dimitrius - stock.adobe.com ; 36 (b5) Catherine CLAVERY - stock.adobe.com ; 37 (h1) PHILETDOM - stock.adobe.com ; 37 (h2) Brad Pict - stock.adobe.com ; 37 (h3) Africa Studio - stock.adobe.com ; 37 (h4) Theeradech Sanin - stock.adobe.com ; 37 (h5) bajinda - stock.adobe.com ; 38-40 Corina_dragan - iStockphoto ; 41 Ümit Büyüköz - iStockphoto ; 41 g-stockstudio-Fotolia.com ; 44 (ma) Minerva Studio - Fotolia.com ; 44 (mb) jolopes - Fotolia.com ; 44 (mc) Africa Studio - Fotolia.com ; 44 (ba) Baillou - Fotolia.com ; 44 (bb) Hamilton/Réa ; 44 (bc) indigolotos - Fotolia.com ; 45 (ma) Daniel Thierry/Photononstop ; 45 (mb) Pink Badger - Fotolia.com ; 45 (mc) BillionPhotos.com - Fotolia.com ; 46 (a) fadlyhalim - Pixabay ; 46 (b) Albachiaraa - stock.adobe.com ; 46 (c) Charlie Abad/Photononstop ; 47 (a) Delpixart - iStockphoto ; 47 (b) wellphoto - Fotolia.com ; 47 (c) Hans - Pixabay ; 49 (a) mast3r - stock.adobe.com ; 49 (b) AntonioDiaz - stock.adobe.com ; 49 (c) makieni - Fotolia.com ; 56 (ma) djoronimo - Fotolia.com ; 56 (mb) lic0001 - Fotolia.com ; 56 (mc) Konstiantyn - Fotolia.com ; 56 (ba) art_zzz - stock.adobe.com ; 56 (bb) Scanrail - stock.adobe.com ; 56 (bc) Marc Xavier - stock.adobe.com ; 57 (ba) rod5150 - Fotolia.com ; 57 (bb) Pictures news - Fotolia.com ; 57 (bc) He2 - Fotolia.com ; 57 (ma) Freepix ; 57 (mb) Alistair Dick - Fotolia ; 57 (mc) Andrey Armyagov - Fotolia ; 58 (ma) OceanProd - stock.adobe.com ; 58 (mb) BanarTABS - iStockphoto ; 58 (mc) Y. L. Photographies - stock.adobe.com ; 58 (ba) Trombax - stock.adobe.com ; 58 (bb) sichon - stock.adobe.com ; 58 (bc) hanahal - stock.adobe.com ; 66 (a) karandaev - stock.adobe.com ; 66 (b) Hgalina - stock.adobe.com ; 66 (c) ScriptX - stock.adobe.com ; 67 (a) evgenyi - stock.adobe.com ; 67 (b) Sergii Moscaliuk - stock.adobe.com ; 67 (c) guy - stock.adobe.com ; 68-70 Corina_dragan - iStockphoto ; 71 bikeriderlondon/Shutterstock ; 74 Artenex - Fotolia.com ; 75 Thomas Söllner - Fotolia.com ; 76 Pedro Salaverria - Fotolia ; 77 Rixie - Fotolia.com ; 80 zhz-akey - Fotolia.com ; 81 BillionPhotos.com - Fotolia.com ; 82 makieni - Fotolia.com ; 82 caroline letrange - Fotolia.com ; 84-86 Corina_dragan - iStockphoto ; 87 Piksel - iStockphoto ; 90 BillionPhotos.com - Fotolia.com ; 91 (a) gkrphoto - Fotolia.com ; 91 (b) BillionPhotos.com - Fotolia.com ; 91 (c) txakel - Fotolia.com ; 91 (d) bokan - Fotolia.com ; 91 (mg) arizanko - Fotolia.com ; 101 (1; 2) makieni - Fotolia.com ; 101 (3) auremar - Fotolia.com ; 101 (ba; bb) kotoyamagami - Fotolia.com ; 101 (bc) Brad Pict - stock.adobe.com ; 106 (1) Khvost - Fotolia.com ; 106 (2) Popova Olga - Fotolia.com ; 106 (3) Africa Studio - Fotolia.com ; 106 (4) Khvost - Fotolia.com ; 106 (5; 6) Tarzhanova - Fotolia.com ; 106 (m1) Dani Vincek - Fotolia.com ; 106 (m2) zadveri - Fotolia.com ; 106 (m3) koss13 - Fotolia.com ; 106 (m4) rainbow33 - Fotolia.com ; 106 (m5) jfunk - Fotolia.com ; 106 (m6) winston - Fotolia.com ; 106 (b1) makieni - Fotolia.com ; 106 (b2) Mendelex - Fotolia.com ; 106 (b3) makieni - Fotolia.com ; 106 (b4) BillionPhotos.com - Fotolia.com ; 106 (b5) WavebreakMediaMicro - Fotolia.com ; 106 (b6) Tom Wang - Fotolia.com ; 108-110 Corina_dragan - iStockphoto ; 112 (ha) just2shutter - Fotolia.com ; 112 (hb) James Thew - Fotolia.com ; 112 (hc) Kirsty Pargeter - Fotolia.com ; 112 (ba) Azazirov - Fotolia.com ; 112 (bb) auryndrikson - stock.adobe.com ; 112 (bc) connel_design - Fotolia.com ; 114 (1) artemp1 - stock.adobe.com ; 114 (2) sunftaka77 - stock.adobe.com ; 114 (3) dimedrol68 - stock.adobe.com ; 114 (4) chamnan phanthong - stock.adobe.com ; 114 (5) Dejan Jovanovic - stock.adobe.com ; 115 (a) Konstantinos Moraiti - stock.adobe.com ; 115 (b) Robert Wilson - stock.adobe.com ; 115 (c) Konstantinos Moraiti - stock.adobe.com ; 117 Tommaso Lizzul - Fotolia.com ; 118 (a) ulzanna - Fotolia.com ; 118 (b) James Warren - Fotolia.com ; 118 (c) lordn - stock.adobe.com - Fotolia.com ; 120 (b1) Olena Bloshchynska - Fotolia.com ; 120 (b2) weseetheworld - Fotolia.com ; 120 (b3) Tatty - stock.adobe.com ; 120 (b4) Pawel Wodzinski - Fotolia.com ; 120 (m1) delkoo - Fotolia.com ; 120 (m2) benoitphoto - Fotolia.com ; 120 (m3) simoneminth - stock.adobe.com - Fotolia.com ; 120 (m4) Nitr - Fotolia.com ; 121 (ha) Alexandra_K - stock.adobe.com ; 121 (hb) Артем Ионов - stock.adobe.com ; 121 (hc) Coprid - stock.adobe.com ; 121 (ba) smspsy - stock.adobe.com ; 121 (bb) mdorottya - stock.adobe.com ; 121 (bc) apopium - stock.adobe.com ; 122 (a) kitthanes - stock.adobe.com ; 122 (b) venusangel - stock.adobe.com ; 122 (c) toomler - stock.adobe.com ; 123 (1) Mychele Daniau/Archives/AFP Photos ; 123 (2) Jacek Chabraszewski - stock.adobe.com ; 123 (3) by-studio - stock.adobe.com ; 123 (4) Pawel - stock.adobe.com ; 123 (5) Roland Magnusson - stock.adobe.com ; 124 (ma) BillionPhotos.com - stock.adobe.com ; 124 (mb) Ivonne Wierink - stock.adobe.com ; 124 (mc) New Africa - stock.adobe.com ; 124 (ba) Andrey Stratilatov - stock.adobe.com ; 124 (bb) Polarpx - stock.adobe.com ; 124 (bc) Ryzhkov - stock.adobe.com ; 127 (a) Fred Marvaux/Réa ; 127 (b; c) sdecoret - stock.adobe.com ; 128 (m1; m2) Nitr - stock.adobe.com ; 128 (m3) ozmen - stock.adobe.com ; 128 (m4) Leonid Nyshko - stock.adobe.com ; 128 (b1) Mny-Jhee - stock.adobe.com ; 128 (b2) nata777_7 - stock.adobe.com ; 128 (b3) Denis/Réa ; 128 (b4) hachut - stock.adobe.com

Épreuve Blanche Web 1

1 (a) sylv1rov1 - Fotolia.com ; 1 (b) snvv - Fotolia.com ; 1 (c) Pictures news - Fotolia.com ; 2 (a) sdecoret - stock.adobe.com ; 2 (b) photosoup - stock.adobe.com ; 2 (c) pawel.gaul - istockphoto ; 3 (1) aquariagirl1970 - stock.adobe.com ; 3 (2) sdecoret - stock.adobe.com ; 3 (3) fruitcocktail - Fotolia.com ; 3 (4) felinda - stock.adobe.com ; 3 (5) Y. L. Photographies - stock.adobe.com ; 4 (ha) timolina - Fotolia ; 4 (hb) Jacek Chabraszewski - Fotolia ; 4 (hc) Africa Studio - Fotolia ; 4 (ba) Denis Rozhnovsky - stock.adobe.com ; 4 (bb) sdecoret - stock.adobe.com ; 4 (bc) Helios - stock.adobe.com

Épreuve Blanche Web 2

1 (ha) Studio Laure - stock.adobe.com ; 1 (hb) joseh51camera - iStockphoto ; 1 (hc) DarthArt - iStockphoto ; 1 (ba) ExQuisine - stock.adobe.com ; 1 (bb) vasiliumosise - stock.adobe.com ; 1 (bc) the_lightwriter - stock.adobe.com ; 2 (a) PHILETDOM - stock.adobe.com ; 2 (b) monticellllo - stock.adobe.com ; 2 (c) Y. L. Photographies - stock.adobe.com ; 3 (1) Fred - stock.adobe.com ; 3 (2) Akova - stock.adobe.com ; 3 (3) Baillou - stock.adobe.com ; 3 (4) Rawpixel.com - stock.adobe.com ; 3 (5) Philippe Turpin/Photononstop ; 4 (ha) womue - stock.adobe.com ; 4 (hb) karandaev - stock.adobe.com ; 4 (hc) DenisMArt - stock.adobe.com ; 4 (ba) sdecoret - stock.adobe.com ; 4 (bb) Michael Nivelet - stock.adobe.com ; 4 (bc) MclittleStock - stock.adobe.com ; 7 (a) Stéphane Ouzounoff/Photononstop ; 7 (b) danr13 - stock.adobe.com ; 7 (c) DPA / Photononstop ; 9 (1) fruitcocktail - Fotolia ; 9 (2) radub85 - Fotolia ; 9 (3) fruitcocktail - Fotolia ; 9 (4) Denis Gladkiy - Fotolia ; 9 (5) EugeS - Fotolia